Lieber unangenehm laut
als angenehm leise

Der Theologe Karl Barth und die Politik 1906-1968

Frank Jehle

편안한 침묵보다는
불편한 외침을

신학자 칼 바르트와 1906-1968의 정치

프랑크 옐레 지음 | 이용주 옮김

Holy
WavePlus

아드리안 셍커에게

수십 년에 걸쳐 이어진 우정에 감사하며

차례

제1장
서문

칼 바르트는 1968년 12월 10일에 사망하였고, 그로부터 나흘 후인 12월 14일 바젤 대성당에서 추도예배가 열렸다. 하지만 라디오로 중계되기까지 한 이 행사에 스위스 연방정부 관료는 **단 한 명도** 참석하지 않았다. 이것은 약 3개월 후 칼 야스퍼스가 사망했을 때와 비교해보아도 매우 이례적인 일로, 스위스 정부와 바르트 사이에 긴장관계가 존재했음을 증명하는 사례다. 스위스 연방정부는 오랫동안 바르트와 충돌하였다.

슈타이거(Steiger)가 이끌던 연방정부는 제2차 세계대전 기간에 바르트의 전화통화를 불법 도청했으며,[1] 심지어 그를 투옥할 방안을 모색하기도 했다.[2]

바르트는 베른 정부를 수 차례 비판했으며 제2차 세계대전의 종전 무렵에 이르러서는 더욱 신랄한 비판을 가했다. 바르트는 연방정부가 "스위스의 얼굴을 하고 세계 앞에서 자행했던 일들에 대해…자신도 책임을 통감한다"고[3] 격분했다. 그의 판단에 의하면 "이 시대에 스위스가 공개적으로 드러낸 얼굴은 너무나도 교활"했다.

> 우리는 오직 스위스인으로서만 행동했지…선한 유럽인으로서 행동하지 않았다. 바로 그렇기 때문에 우리는…참으로 선한 스위스인으로서 행동하지 않았다.[4]

위의 문장은 바르트가 자신의 조국을 얼마나 소중히 여겼는지를 보여준다. 그는 스위스에 대해 매우 높은 이상을 품고 있었다. 그는 공개적이면서도 인간적인 스위스라는 이상을 꿈꾸었다. 바르트에게 있어 스위스는 유럽의 일부분으로서 유럽을 통합하는 데 기여할 책임을 가지고 있었다. 바르트에 따르면 국가의 본질은 "단지 민족주의적 관심사"를 추구하는 데 있지 않다. 그리스도교 신앙의 하나님은 "**특정 국가의**" 이익을 추구하지 않으며, "모든 민족 국가들 가운데 수립될 **하나님 자신의 의로운** 국가"를 지향한다.[5]

그리스도인은 "자신의 민족 국가 안에서 드러나는 의로운 모습과 조화롭지 못한 점들에 대해 깨어 있어야 하며 위기 시에는 그와 대립하고 저항할 수 있어야 한다."[6]

그가 의도한 바는 아니었겠지만, 이 문장은 제2차 세계대전 중 바르트가 수행했던 역할을 가장 잘 묘사하고 있다.

편안한 침묵보다는
불편한 외침을

1968년 12월 14일의 추모예배에 참여했던 세속사회의 대리인 중 가장 "고위직" 인사였던 바젤 시장 루카스 부르크하르트(Lukas Burckhardt)는 다음과 같이 말했다.

칼 바르트는 이 세계에서 매우 강력한 정치적 영혼의 소유자이자…위 대한 스위스인이었다.…우리는 칼 바르트가 그리스도인으로서의 책 임을 가지고 쉬운 말로 이 땅의 악에 저항할 것을 설교한 것을 결코 잊어서는 안 된다. 제3제국의 위협 앞에 모두가 나약한 모습을 보이던 시절에 바르트는 제3제국에 대해 철저히 저항하였다. 심지어 그는 억 압받는 민족들을 위해 무기를 들어야 한다고 외치기까지 했다. 신학 자이자 그리스도인이 이런 주장을 했다는 사실에 많은 신자들이 경악 하기도 했지만, 그는 겁쟁이들의 용기를 고취시켰다.…자펜빌의 "붉은 목사"였던 초기부터 헝가리의 호전적 공산주의에 대한 자신의 독특한 입장을 밝히던 시기에 이르기까지 바르트는 삶 전체를 통틀어 정치적 사안에 대해 타협할 줄 모르는 영혼이었고, 때로는 그로 인해 미움을 사기도 하였다. 하지만 바로 그 점이 우리에게 유익을 끼쳤다.[7]

위의 표현을 통해 연방정부 관료들이 추모식에 참석하지 않 은 이유가 무엇인지 알 수 있다. 칼 바르트는 다루기 쉽지 않은 인 물이었다. 취리히에 있는 자신의 동료 에밀 브룬너(Emil Brunner) 에게 보낸 편지에서, 바르트는 하나님을 주로 고백한다면 교회는

"시류를 따르는 것이 아니라 오히려 공포와 전율 가운데 그것을 거슬러"[8] 나아가야 할 것이라고 썼다. 바르트는 제2차 세계대전 기간에 만이 아니라, 1950년대에도 스위스 연방정부의 조처를 조롱했다. 이는—루카스 부르크하르트에 의하면—"호전적 공산주의에 대해 그가 취한 특이한 태도" 때문이었다.* 바르트는 베른 정부의 공식 입장에 대해 여러 차례 반대의견을 밝혔으며, 1958년 1월에 마지막으로 스위스 군대의 핵무장을 주장했던 군사 전문가의 견해를 공개적으로 비판했다.[9]

어쩌면 우리는 바르트와 그의 조국 사이의 관계를 (어쨌건 간에 부분적으로는) 불행한 사랑이야기라고 부를 수도 있을 것이다. 마찬가지로 그와 전후 독일과의 관계 역시 긴장에 가득 차 있었다. 바르트는 독일출판협회가 수여하는 평화상 후보에 올랐지만 끝내 수상하지는 못했는데, 이는 그가 신생 서독을 수차례 비판했기 때문이었다. 알베르트 슈바이처, 로마노 구아르디니, 마르틴 부버, 파울 틸리히, 빌레 A. 비세르트 후프트, 아우구스틴 베아 추기경 등이 이 상을 수상했다. 이미 1948년에 바르트는 바드 고데스베

---

* 〈역자주〉 냉전 시대에 바르트는 반공주의를 기치로 내건 자본주의 국가의 정치기조와 달리 결코 반공주의를 주장하지 않았으며 공산주의에 대한 공개적인 비판을 달가워하지 않았다. "공산주의에 대한 특이한 태도"란 이를 의미한다. 물론 바르트는 이로 인해 자본주의 진영에서 많은 비판을 받아야 했다. 바르트가 이 같은 태도를 취한 신학적·정치적 동기는 이 책의 제10장에서 다루어질 것이다.

르크에서 열렸던 저녁 식사 자리에서 콘라드 아데나우어(Konrad Adenauer)와 "다툼을 벌였다." "자칭 '그리스도교적'—그러면서도 지배하는—정당"*이란 바르트가 보기에는 "원칙적으로 혐오스러운 것"이었다.[10] 오늘날 스위스에서는 스위스 역사에 관한 활발한 논의가 이루어지고 있다. 스위스에 대한 전통적인 이미지가 정확치 않다는 인식이 널리 퍼지면서 스위스 역사에 대한 책을 찾는 사람들이 많아졌다. 칼 바르트는 모타, 에테, 슈타이거, 필렛-골라츠 등과 같은 연방정부 인사들이 보여준 것과는 다른 종류의 스위스를 대변한다. 물론 바르트 역시 20세기 스위스의 여러 모습 중 하나다. 그러나 바르트를 단순한 예외 정도로 취급해서는 안 된다. 많은 이들이 그리스도교에서 특별히 새로운 것을 기대하지 않던 시대에 바르트는 **그리스도교 신앙을 토대로 깨어 있는 동시대성**이 놀라운 결과를 초래할 수 있다는 것을 보여주었다. 바르트는 언제나 "전적 타자"를 드러내고자 했기 때문에 더 넓은 지평을 바라볼 수 있었다. 그는 필연적으로 불편할 **수밖에** 없었고, 절대로 편안히 머물러 있을 **수 없었다.**

이 책은 이런 이야기를 **서술하려고** 한다. 특별한 주석 없이도

---

* 〈역자주〉 콘라드 아데나우어는 제2차 세계대전 이후 수립된 서독의 첫 번째 수상이다. 그는 전후 독일의 재건을 이끌었으며, 현존하는 독일 최대 정당인 "독일기독교민주연합당"(Christlich Demokratische Union Deutschlands)의 창립자이기도 하다. 바르트는 권력을 추구하는 지배정당과 "기독교"가 조화되지 않는다는 비판을 하고 있는 것이다.

사건들 대부분이 스스로 이야기하는 바가 있다. 독자들이 생생한 그의 음성을 들을 수 있도록 이 책에서는 칼 바르트의 말을 상세히 인용하고자 한다. 이로써 독자들 스스로가 주체적인 판단을 내릴 수 있기를 바란다. 바르트는 훌륭한 이야기꾼이었지만 무엇보다도 위대한 민주주의자였다는 것이 이 책의 핵심 주제다. 그 점을 앞으로 찬찬히 살펴보도록 하겠다. 바르트의 전체주의적 사유를 비판하는 이들이 종종 있지만, 실제로 바르트는 시민들을 통제, 감독하는 관료주의 국가와의 타협을 거부했다.

여러 시기에 나타나는 주요한 증거들은 다음과 같다. 1929년 봄 학기 윤리학 강의에서 바르트는 민주주의적 국가형태가 아무런 조건 없이 독일에서도 수립되기를 바랐다. 당시의 국가적·세계적 상황을 고려하면 이것은 결코 당연한 일이 아니었다. 바르트는 국가의 위임과 정당성이 하나님에게―더 구체적으로 말하자면 "하나님의 은총에"―달려 있다는 신학적 전망으로부터 "근본적으로, 물론 실제로는 다양한 방식으로" **모든 인간이** 정치에 참여해야 한다는 결론을 도출하였다.

> "하나님의 은총"이라는 관점에서 보았을 때 (국가적 행위를 위해 부름받은 자는) 결코 남성만이 아니다. 국가에 소속된 그 어떤 특정한 민족 구성원이나 특정한 신분과 계급, 가족 혹은 여러 가족들로 구성된 집단 등 그 무엇도 다른 구성원들을 배제한 채 국가적 행위를 독점해

서는 안 된다.…근본적으로는 모든 사람이 국가의 행위에 대한 책임을 져야 하고, 국가 안에서의 행위를 위해 부름 받았다.

1930/31년 겨울학기에 본에서 이 강의를 다시 열었을 때, 바르트는 다음과 같이 첨언하였다. **"이런 의미에서 국가의 모든 권력은 국민으로부터 나온다."[11]**

바르트는 여성참정권을 지지하였고, 신분제 국가와 계급국가, 세습왕조(입헌군주국인 영국의 경우는 예외다),[12] 한 인종이 다른 인종들을 다스리는 형태의 국가 등을 일절 거부하였다. 동일한 텍스트에 기록된 또 다른 표현에 따르면, 정치지도자라면 모름지기 스스로 본인의 직무를 "하나님에 대한 순종, 곧 이웃에 대한 섬김"으로서 행하고 있는지를 돌아보아야 한다.[13]

1948년 봄에 바르트는 헝가리의 학생집회에서 행한 연설에서 "스위스처럼 민중이 자유롭게 교육받고 스스로를 표현할 수 있는 민중의 의지를 지원하는 연방제적 법치국가를 위한 공간을 보장하지 않는다면",[14] 결코 좋은 미래가 오지 않을 것이라고 말하였다. 바르트가 스위스의 국가형태를 동구에 이식하기를 바랐다고 볼 수 있는 대목이다. 그는 같은 연설에서 당혹해하는 군중들에게 자신의 견해를 더 상세히 해명했다. 다음은 그가 동일한 연설에서 한 말이다.

스스로 사유할 수 있고 또 그러기를 원했던 사람들은 아주 오래전부터 늘 존재해왔습니다. 여러분들 세대에 그런 이들이 사라져버린다면 그것은 불행한 일입니다. 『계몽이란 무엇인가?』라는 책에서 임마누엘 칸트(Immanuel Kant)가 한 다음과 같은 말을 잘 들으십시오. "계몽이란 인간이 스스로 자초한 미숙함으로부터의 탈출이다. 미숙함이란 다른 이의 지도 없이는 자기 자신의 오성을 사용하지 못하는 무능력이다. 그 원인은 다른 사람의 도움 없이 스스로의 오성을 사용하겠다는 결단과 용기의 결핍에 있기에 이것은 스스로 자초한 미숙함이다. *Sapere aude!*(너 자신의 오성을 사용할 용기를 내라!) 그것이 계몽의 금언이다." 오늘날 젊은이들이 이 문장들의 외침 속에 담긴 정신의 소리를 듣지 못하고 있다면 그것은 불행한 일입니다. 20세기 전반에는 예기치도 못했던 수많은 광기들이 벌어졌습니다. 그 후반기인 지금에라도 민중이 "계몽"될 수 있다면 다행일 것입니다.[15]

바르트는 자신의 칸트(Immanuel Kant) 인용이 헝가리에서 "결코 계획한 바는 아니지만 매우 분명한 찬동의 흐름"[16]을 촉발시킬 수도 있으리라고 말하였다. 이 연설은 후일 『교회교의학』에서 성령을 "건전한 인간오성의 가장 친밀한 친구"[17]라 칭한 대목을 연상시킨다. 칼 바르트가 스스로를 유럽 계몽주의 최고의 전통과 결합시킨다는 사실은, 바르트가 그 한계가 분명함에도 불구하고 민주주의를 비교적 "최선의" 국가형태로 확신하고 있었음을 보여준다.

이 책은 연대기순으로 구성되어 있다. 서문과 신학자로서의 칼 바르트를 개관하는 장 이후 이 책은 20세도 되지 않았던 약관의 신학생 칼 바르트에 대한 기억과 더불어 시작한다. 그는 학생 동아리에서 "사회적 질문"에 대해 열정적으로 주장함으로써 처음으로 정치적 사안을 다루었다. 그 이후에는 자펜빌의 목사로서 곤궁에 처해 있던 방직공장 남녀 노동자들의 노동조합 건설을 돕고 사회민주주의당에 가입하기도 했던 바르트의 행적을 조명한다. 이어지는 장에서는 두 권의 『로마서 주석』과 독일에서의 교회투쟁을 다룰 것이다. 1935년에 강제로 스위스로 추방당한 이후의 정치적 대결은 오늘날 특히 주목받고 있다. 스위스 정부의 입장에서 국가사회주의의 위협에 저항해야 한다는 그의 외침은—이미 암시된 바와 같이—외교적 측면을 고려하지 않은 데다 지나치게 시끄러운 주장이었다.

그다음으로는 종전 후 일어난 격랑과 같은 사건들이 차례로 등장한다. 이는 독일과의 새로운 관계와 동구와 서방진영 사이의 냉전 속에서 칼 바르트가 취했던 태도에 관한 것이다. 마지막으로는 바르트 정치윤리의 신학적 배경을 살펴볼 것이다. 1938년의 "칭의와 법"과 1946년의 "그리스도인 공동체와 시민 공동체"라는 강연들에서 바르트는 영적인 것과 정치적인 것은 구분되어야만 하지만 양자 사이에 깊은 관계가 있음을 밝혔다. 바이마르 공화국이 몰락해갈 때, 바르트는 한 강의에서 "오직—아마도 세상에서 가장 빈약한 정치적 재능을 가진 민족인—영리한 영국만이…절대주의를 반대하는 '시의적절한 두려움'"을 정치 시스템 안에 통합해냈다고 말하였다. 이 "두려움"으로 인해 대영제국은 "재앙"(전체주의를 뜻한다)을 피할 수 있었다.[18] 칼 바르트는 단지 위대한 신학자이기만 했던 것이 아니라, 동시에 20세기의 정치윤리학자 중 가장 깊이 성찰할 만한 의미가 있는 인물이기도 했다.

제2장

신학자 칼 바르트

이 책의 목표는 평생에 걸친 칼 바르트의 작업들 가운데서 그의 **정치적** 측면을 드러내는 것이다. 이를 위해 우선은 그의 삶과 작품들을 개관할 필요가 있다. 이번 장에서는 바르트의 삶과 작품들을 그의 전기와 관련지어 살펴보도록 하겠다.

칼 바르트(1886-1968)는 친가와 외가 모두 명망 있는 신학자를 배출한 개혁교회 집안에서 태어났다. 모친 안나 카타리나 자토리우스(Anna Katharina Sartorius)는 1863년에 태어났다. 부친 프리츠 바르트(Frtiz Barth)는 1856년에 태어났으며 "실증주의" 신학 교수로서 1889년부터 베른 대학교에서 교회사를 가르쳤다. 칼 바르트는 1904년 가을 신학공부를 위해 이 대학에 등록하였다.

당시 스위스의 관행을 따라 바르트는 기초 신학 교육을 받은 후 독일로 대학을 옮겼다. 그는 아돌프 하르낙(Adolf von Harnack)

에게 사사했던 베를린과 튀빙엔을 거쳐(바르트는 보수적인 부친의 뜻을 따라 어쩔 수 없이 선택한 튀빙엔에서 보수적 성서학자인 아돌프 슐라터[Adolf Schlatter]의 수업을 듣고는 "매우 격렬한 거부감"을 느꼈다)[1] 신칸트주의가 지배하던 마르부르크에 도착한다. 1908년 여름학기는 바르트에게 있어 가장 중요한 시기였다. 바르트에게 교의학(신앙론)과 윤리학을 가르쳤던 빌헬름 헤르만(Wilhelm Herrmann)은 그의 학창시절을 통틀어 "유일한 신학 스승"[2]이었다. 졸업시험을 통과한 바르트는 1908년 11월 4일 베른 대성당에서 부친으로부터 목사안수를 받았다. 이후 그는 마르부르크의 신학교수 마르틴 라데(Martin Rade) 밑에서 두 학기 동안 연구조교로 일하면서 당시 가장 유력한 개신교 잡지인 「그리스도교 세계」(Christliche Welt)의 편집을 도왔다.

방금 언급한 신학교수 중 한 명인 아돌프 하르낙은 당대 최고의 개신교 신학자였다. 신약학자이자 교회사가였던 하르낙은 복잡하게 얽힌 그리스도교 교리의 기원을 연구하였다. 고대뿐 아니라 그 이후 시기의 그리스도교에 대해 하르낙만큼 박식한 사람은 없었다. 주저인 『그리스도교의 본질』(Das Wesen des Christentums, 1899/1900년 겨울학기에 모든 학과의 학생들을 대상으로 한 16개의 강연)에서 하르낙은 그리스도교의 장대한 상을 제시하였다. 하르낙은 그리스도교를 "오직 역사적 의미에서", 즉 "역사학 및 역사로부터 획득된 삶의 경험만을 통해" 묘사하고자 했다.[3] 베를린에 한 학기

머무는 동안 바르트는 거의 모든 시간을 들여 하르낙을 도움으로써 19세기에 찬란하게 꽃피운 역사학의 방법론을 체득할 수 있었다. (바르트는 스승을 만족시키기 위해 책 더미에 파묻혀 있느라 좋아하던 극장에도 거의 가지 않았다.) 『교회교의학』의 마지막 책들에서도 바르트가 하르낙으로부터 받은 영향을 발견할 수 있다. 뿐만 아니라 바르트는 1925년 당시 존경하던 옛 스승과의 대화에서 『교회교의학』의 한 절의 제목을 -"하나님의 자녀들의 삶"[4]- 생각해내기도 하였다.

"우리는 역사비평학보다 더 **비판적이어야** 한다."[5] 1922년 로마서 주석 제2판의 서문에 등장하는 이 유명한 문구는 자신이 하는 말의 뜻을 명확히 아는 사람만이 쓸 수 있는 것이다. 칼 바르트 역시 평생 역사비평적 방식으로 작업했다. 이 방식을 사용하기 위해서는 전승된 텍스트들을 주의 깊게 분석하고, 텍스트들의 신뢰성 및 서로 상이하며 모순되는 텍스트들을 면밀히 검토해야 한다. 칼 바르트는 역사비평의 한계들을 극복하고자 하였다. 그의 "관심은 역사적인 것을 **관통하여** 성서의 정신을 들여다보는 데 있었다."[6] 역사비평을 바르게 이해하는 사람으로서 바르트는 "**사태**(Sache)**라는** 수수께끼 앞에" 바로 서기 원했지 "**원자료**(Urkunde)의 수수께끼 앞에" 서고 싶어 하지 않았다.[7] 바르트가 좁은 의미에서의 역사적 작업을 파괴하려 한 것은 아니었다. 역사비평적 작업은 그보다 훨씬 더 중요한 진지하고도 경외에 찬[8] 이해를 위한 **준비** 단계로 간주되었다. 이는 성서에만 적용되는 것은 아니었다. 바르트는 이 방법을 "노자나 괴테"[9]에게도 동일하게 적용할 것임을 강조하였다.

바르트에게 영향을 끼친 또 다른 스승들로는 마르부르크 대학교의 교수였던 헤르만과 라데가 있다. 이들은 당시 학계를 이끌던 "자유로운 개신교주의"의 자유주의적 "세계"(Welt des freien Protestantismus)[10]를 대변하는 인물들이었다. 바르트는 빌헬름 헤르만으로부터 교리학에서 윤리적 의미를 제거하는 것은 불가능하다는 사실을 배웠다. 마르틴 라데는 청년 바르트에게 있어 아버지와 같은 친구였고, 수십 년간 바르트의 여정에 신학적·인간적으로 동행했다. 1909년 8월 20일 라데에게 보내는 편지에서 바르트는 라데의 집에 체류하면서 작업한 시간이 "지금까지의 여정에서 가장 빛나는 순간"이었다고 썼다. 바르트는 「그리스도교 세계」가 자신을 "그리스도교 세계의 삶으로 인도"해주었으며 "대학공부를 마치고 실습으로 전환"하는 것 이상의 경험이었기에 "모든 젊은 신학도들에게 그와 유사한 일들이 일어나기를" 희망할 정도라고 말하고 있다.[11]

1909년 9월부터 1911년 6월까지 바르트는 제네바의 독일어권 교회에서 보조 설교자로 일하였다. 그는 제네바에서 에큐메니칼 운동의 창시자인 아돌프 켈러(Adolf Keller), 존 모트(John Mott) 등과 교분을 나눈다. "교회의 국제 우호협력 연맹", "스위스 개신교 교회연맹 및 전미 연방 위원회 의장"이었던 아돌프 켈러는 일찌감치 교회일치를 향한 신념을 표출하였다.[12] 존 모트는 1895년에 그리스도교 세계학생연맹을 창립하였고, 1915년부터 YMCA 의장으로 일하였다. 그는 1910년에 에든버러에서 열린 최초의 세계선교회의를 조직하였다. 바르트는 에큐메니칼 운동의 생성 초기부터 이미 그와 긴밀한 관계를 맺고 있었다.

이 시기에 바르트는 제네바에서 훗날 그의 아내가 될 넬리 호프만(Nelly Hoffmann, 1893-1976)을 만났다. 그녀는 바르트가 지도했던 입교교리교육 수업을 들었는데, 후일 그녀는 바르트 때문에 바이올리니스트가 되고자 했던 계획을 수정했다고 회고한 바 있다. 부부는 슬하에 딸 한 명(프란치스카)과 네 아들(마르쿠스, 크리스토프, 마티아스, 한스 야콥)을 두었다.

1911-1921년에 바르트는 아르가우 자펜빌에 있는 교회에서 농민과 노동자들을 상대로 목회하였다. 이 시기에 바르트는 목사의 책무들을 매우 진지하게 여겼는데, 그의 행보 중 종교사회주의 운동에 참여한 점이 특히 두드러진다. 당시 스위스의 종교사회주의 운동을 주도했던 레온하르트 라가츠(Leonhard Ragaz)와 헤르만 쿠터(Hermann Kutter) 등의 강조점은 조금씩 달랐다. 두 사람의 사상은 크리스토프 프리드리히 블룸하르트(Christoph Friedrich Blumhardt, 1842-1919)[13]의 신학에 기초하고 있었다. 바르트는 젊은 시절 노동조합운동에 적극 참여하는 등 라가츠의 노선에 근접

해 있었지만 후에는 정당 활동보다 선포행위를 우선시하는 쿠터에 가까워졌다. 그러나 30년대의 투쟁들을 거치며 그는 다시금 라가츠의 사상에 한발 다가갔다. 당시 바르트는 국가사회주의를 매우 단호하게 거부하였다. 자펜빌 시기에 바르트는 아르가우 지역의 다른 교회에서 목사로 일하고 있는 에두아르트 투르나이젠(Eduard Thurneysen)과 가깝게 지냈는데, 그는 바르트가 향후 수십 년 동안 가장 의지하는 친구가 되었다.

바르트의 생애에서 **가장 결정적인** 전환점은 제1차 세계대전 중 찾아왔다. 세계대전의 충격은 바르트로 하여금 자유주의 신학 및 하나님의 나라를 이 땅에 이룩하고자 했던 종교사회주의의 진보에 대한 믿음을 의심케 했다. 1916년 7월에서 1918년 8월 사이에 작업한 바르트의 첫 번째 로마서 주석 1,000권이 1918년 성탄절을 기해(미리 1919년으로 일자가 기입된 채 인쇄되어) 베른에서 출판되었다. 이 책이 일으킨 반향은 저명한 신약학자 아돌프 윌리허(Adolf Jülicher)가 「그리스도교 세계」에 이에 대한 상세한 논평을 발표했다는 사실을 통해 알 수 있다. 윌리허는 이 책을 "비학문적"이라고 비판하였다. 바르트의 서문에는 이제는 아주 유명해진 다음과 같은 선동적 문구가 쓰여 있다.

성서 연구에 있어 역사비평적 접근법은 매우 타당하다. 역사비평적 방법은 성서 이해를 위해 어떤 준비가 필요한지 보여준다는 점에서 유용하다. 하지만 역사비평적 방법과 낡은 영감론 사이에서 하나만 선택해야 한다면 나는 후자를 선택할 것이다. 낡은 영감론은 더 심오하며, 중차대한 타당성을 가진다. 왜냐하면 그것은 이해하는 작업 자체를 지시하기 때문이다. 궁극적 이해 없이는 모든 준비요소들이 무가치해진다. 나는 둘 사이에서 하나를 선택하지 않아도 된다는 사실이 기쁘다. 하지만 나의 모든 관심은 역사적인 것을 관통하여 성서의 정신인 영원한 영을 바라보는 데 쏠려 있다. 한때 참되었던 것은 오늘날에도 변함없이 참되다.[14]

이와 같은 논조는 (아돌프 하르낙을 포함한) **구세대**를 대표하는 인물들 사이에서 어쩌면 바르트가 몽상가일지도 모른다는 의심을 촉발시켰다. 반면 **신세대**에 속하는 이들(프리드리히 고가르텐[Friedrich Gogarten], 에밀 브룬너, 그리고 로마서 주석 제2판이 출간된 1921년 후에는 루돌프 불트만[Rudolf Bultmann] 등)은 『로마서 주석』에 열광하여 이 책을 신학의 새 시대를 여는 선언서로 여기기까지 하였다.

『로마서 주석』을 통해 얻은 명성 덕분에 바르트는 1921/22년 겨울학기에 괴팅엔 대학의 개혁신학 담당 명예교수(Honorar professor)로 초빙되었다. 자펜빌에서 목회하는 동안 새롭게 개정해 출판한 『로마서 주석』 제2판이 베스트셀러가 되었고, 이와 더불어 전혀 새로운 세대의 신학자들이 등장했다. 제2판에는 "불가능한 가능성", "진공", "폭탄"으로서의 신앙, "위로부터 수직적으로 내려오는" 사건으로서의 계시 등과 같이 키에르케고르와 도스토옙스키에게서 영향을 받은 표현들이 여러 차례 쓰였다.[15] 루터나 파스칼처럼 바르트 역시 역설적 표현을 선호하였다.

> 우리는 신학자로서 하나님에 대해 이야기해야만 한다. 하지만 우리는 한낱 인간에 불과하기에 하나님에 대해서 말할 수 없다. 우리는 우리의 의무와 무능력을 모두 알아야 한다. 그리고 바로 그 점 때문에 하나님께 영광을 돌려야 한다.[16]

이 문장은 바르트 신학의 기초가 담긴 "신학의 과제로서의 하나님의 말씀"(1922년 10월)이라는 강연에 등장한다. 이처럼 독특한 양식 때문에 한 외부 인사는 바르트의 신학을 가리켜 "변증법적 신학"이라고 불렀는데(미국에서는 "위기의 신학"), 이 개념은 1920년대에 바르트와 친구들의 저술을 통칭하는 용어로 자리 잡았다. 이 신학 그룹은 신간 학술지 「시대들 사이에서」(Zwischen den Zeiten)를 통해 의견을 개진하였다. 두 권의 『로마서 주석』에 대해서는 다음 장에서 자세히 논하도록 하겠다.

바르트는 괴팅엔에서, 1925년 정교수로 부임한 뒤에는 뮌스터에서, 그리고 1930년 이후에는 본에서 학문적 교사라는 새로운 역할을 충실히 수행하였다. 처음에는 신약성서와 교회사 등에 관한 강의도 많이 실시했지만, 갈수록 조직신학(교의학[즉 신앙론]과 윤리학)적 경향이 두드러졌다. 여러 단계들을 거치면서(강의로 시작해 나중에는 책의 형태로) 바르트는 교의학과 점점 가까워졌다. 1927년에는 『그리스도교 교의학 초안. 제1권. 하나님의 말씀론. 그리스도교 교의학 서론』이 출판되었다. 하지만 중세 초기 신학자인 캔터베리의 안셀무스(Anselm von Canterbury)의 영향을 받은 후로 바르트는 그리스도교 교의학 제2권을 쓰는 대신 교의학 출판계획을 처음부터 새롭게 수립하였다. 바르트는 1931년에 안셀무스에 대한 책 『이해를 추구하는 신앙』(Fides quaerens intellectum)[17]을 출판하였다. 1932년부터 1967년 사이에 총 13권으로 구성된 기념비적인 작품이자 아직 완결되지 않은 『교회교의학』이 세상에 나왔다. 새로운 제목은 바르트가 신학을 **교회의** 학문으로서 수행하였다는 사실을 보여준다. 이는 바르트 자신이 거세게 반대하면서도 동시에 존경해마지 않았던 "적수" 프리드리히 슐라이어마허(Friedrich Schleiermacher, 1768-1834)에게서 배운 것이었다. 슐라이어마허는 19세기를 통틀어 가장 중요한 개신교 신학자였다. 『신학공부에 대한 단편』(Kurze Darstellung des theologischen Studiums)에서 슐라이어마허는 신학을 **교회의** 학문으로 정의했다. 슐라이어마허에 의하면 교회와의 연관성을 상실한 신학은 붕괴되고야 만다. 그때 신학의 여러 분과들은 각각 "그 내용상 유사한 일반학문", 곧 "언어학, 역사학,…영혼론과 도덕론, 그리고 이것들로부터 도출되는 여러 학문 분야들…"[18]에 귀속될 뿐이다.

　1920년대에 바르트는 독일에서 많은 이들이 선망해 마지않던 신학교수 자리에 오르며 겉으로 평온해 보이는 삶을 누렸다. 그러나 1933년 1월 30일 아돌프 히틀러가 집권하면서 상황은 완전히 바뀌었다. 바르트가 자펜빌에서 벌인 정치활동에 대해 알지 못했던 많은 젊은이들이라면 그의 종교사회주의적 경향을 놀랍게 느끼는 것이 당연하다. 많은 이들이 "영도자"(Führer)를 무비판적으로 칭송하고, 교회 지도자들조차 히틀러에게서 재림한 그리스도가 보인다고 믿었던 1933년 여름, 바르트는 "오늘의 신학적 실존!"이라는 투쟁서에서 매우 차분하면서도 역설적인 어조로 다음과 같이 말하였다. 자신은 본에 있는 학생들과 함께 "예전과 마찬가지로 마치 아무 일도 일어나지 않은 것처럼—다소 강화된 논조를 취하되 직접적인 언급 없이—신학을, 오직 신학만을" 수행하리라고 선언하였다. "베네딕트 수도회 마리아 라흐(Maria Laach)의 기도곡은 제3제국에서도 중단과 왜곡 없이 정기적·지속적으로" 울려야 한다.[19] 바르트는 당시 대학교수들이라면 의무적으로 해야 했던 "영도자"에 대한 서약을 거부했다는 이유로 1935년 6월 21일 복무처벌조치를 따라 교수직에서 "은퇴"하게 되었다. 공식적으로는 은퇴라고 표현했지만 실제로는 교수직에서 파면당한 것이었다. 불과 사흘 후 스위스 바젤의 시 정부는 바르트에게 비정규직 교수 자리를 제안하였고, 이후 바르트는 고향 바젤에서 생의 나머지 삼십 년을 지냈다.

스위스로 추방당하기 직전 바르트는 고백교회의 신학위원 자격으로 1934년 5월 31일 발표된 "신학선언"의 초안을 작성하였다. 바르멘 신학선언은 바르트 신학의 축약본일 뿐만 아니라, 에큐메니칼 진영 전체에서 오늘날까지 이어진 신학적 토론에 가장 큰 영향을 끼친 문서다.

성서가 증언하듯이 우리가 들어야 할 유일한 말씀은 예수 그리스도의 말씀이다. 우리는 삶과 죽음 가운데에서 오직 그를 신뢰하고 그에게 순종해야 한다. 우리는 하나님의 말씀을 선포하는 진원지인 교회가 그 말씀 외에 다른 사건들이나 권세들, 또는 위인들이나 진리들을 하나님의 계시로 인정할 수 있다거나 또는 그래야만 한다는 거짓된 가르침을 단죄한다.[20]

바르멘 신학선언의 제1명제는 예수 그리스도 안에 있는 하나님의 계시에만 배타적으로 집중함으로써 다양한 정치적·시민적 이데올로기에 따른 유사 종교적 요구들을 거부하자는 것이다. 1920년대에 바르트와 더불어 "변증법적 신학자들"로 분류되었던 취리히의 신학자 에밀 브룬너는 자신의 책『자연과 은총』에서 바르트의 단호한 입장에 대해 신중한 태도를 취하는 듯하면서도 사실상 명백한 거부 의사를 밝혔다. 바르트는 이에『아니오! 에밀 브룬너에게 보내는 대답』이라는 투쟁서를 통해 신속히 대응하였다(두 책 모두 1934년에 출판되었다).[21] 그때까지 아무것도 모르고 있던 사람들조차도 한때 "변증법적 신학자들"로 분류되던 그룹이 완전히 해체되었다는 것과 「시대들 사이에서」가 1933년에 이미 폐간되었다는 사실을 알게 되었다. 이제 바르트, 브룬너, 불트만, 고가르텐 등은 각자의 길을 걸어갔다. 고가르텐은 잠시 동안 히틀러에 동조하는 "독일 그리스도인"의 회원이 되기도 하였다. (1950년대에 있었던 탈신화화논쟁에 가려지긴 했지만, 마르부르크 시절부터 시작된 루돌프 불트만과의 친분은 신학적 견해의 차이에도 불구하고 교회투쟁의 시기까지도 유지되었다.) 두 사람 사이에 수십 년간 존재했던 긴밀한 친분과 깊은 이해를 간과한다면 이들 중 어느 한 명도 이해할 수 없다.

제2차 세계대전 기간 동안 바르트는 바젤에서 학문 교육에 전념했는데 이는 『교회교의학』이 한 권 한 권씩 단계적으로 출판되었다는 사실과 불가분하게 연관되어 있다. 제목이 주는 인상과 달리 『교회교의학』은 각 권이 출판되던 당시의 시대상황과 긴밀히 결합되어 있다. 주목할 만한 것은 표면적으로는 **시대와 불화한 인물로 보이는 바르트가 실은 시대와 발맞추려고 시도했다**는 사실이다. 모두가 히틀러와 "민족정신" 가운데 일어나는 하나님의 계시에 열광하던 시기에 바르트는 단호히 "아니오"라고 말하였다. 1940년대에 유럽의 여러 도시들은 폐허가 되었고, 헤아릴 수 없이 많은 사람들이 실의에 빠져 있었다. 이러한 시대적 상황 가운데 출판된

『교회교의학』 III/1(1945)에서 바르트는 "자비로운 행위로서의 창조"에 대해 말하였다.[22] 1951년에 나온 『교회교의학』 III/4에서 바르트는 알베르트 슈바이처(Albert Schweitzer)의 명제인 "생명에의 경외"를 수용하였다.[23] 『로마서 주석』에서 하나님을 "전적 타자"로 칭하던 그가 1956년에는 『하나님의 인간성』[24]이라는 저서를 출판하였고, 같은 해에 모차르트를 칭송하는 글[25]을 펴내기도 하였다. 바르트는 시대와의 반목을 통해 시대와의 일치를 추구했다. 이러한 바르트의 방식은 국가사회주의에 가장 열정적으로 반대했던 그가 냉전시대에는 결코 반공주의를 주창하지 않았다는 점에서도 드러난다. 그러나 헝가리 개혁교회 감독이었던 알베르트 베레츠키(Albert Bereczky)나 체코의 신학자 로마드카(Josef L. Hromadka)와 교환했던 서신을 살펴보면, 바르트가 동구권의 친구들에게 공산주의에 쉽게 적응하지 말라고 경고했다는 사실을 알 수 있다.

제2차 세계대전 이후 바르트는 에큐메니칼 운동의 주도자 중 한 명이 되었다. 프랑스어권과 영어권 및 가톨릭 지역에서 그의 영향력은 날이 갈수록 증가했고, 1962년의 미국여행과 1966년 가을 교황 바오로 6세를 방문함으로써 정점에 달했다. 그 이전인 1961/62년 겨울학기에 바르트는 공식적인 교육활동을 마감하였는데, 이때 강의한 내용을 정리해 『개신교신학 입문』[26]을 출판하기도 했다. 바르트 생전에 이미 그에 관해 개관하기 힘들 만큼 많은 연구서들이 쏟아져 나왔으며, 그중 가장 우수한 저작은 (일부는 다른 언어를 사용하는) 가톨릭 신학자들에 의해 쓰였다(한스 우르스 폰 발타자르[Hans Urs von Balthasar],[27] 한스 큉[Hans Küng],[28] 앙리 부이야르[Henri Bouillard]).[29] 생의 마지막에 이르러 몸이 쇠약해지기는 했지만 바르트의 왕성한 활동력은 마지막 순간까지 사그라지지 않았다. 사망하기 바로 전날 저녁까지도 그는 1969년 그리스도교 일치를 위한 에큐메니칼 기도주간 기념 연설문을 작성하고 있었다.

바르트가 평생에 걸쳐 펴낸 작품들을 살펴보면, 그가 **점차 그리스도론에 집중**하였다는 사실을 알 수 있다. 바르트는 나사렛 예수 안에서 하나님이 인간이 되셨다는 것과 그 귀결을 집중적으로 묵상하였다. 좁은 의미에서 볼 때 화해론에 관한 세 권의 책(총 2,984쪽 분량)은 『교회교의학』 중에서도 단연 최고다. 역설적이게도 바르트는 그리스도론에 집중함으로써 놀라울 만큼 다양한 영역들을 탐색할 수 있게 되었다. 그의 저작에는 프리드리히 니체, 장-폴 사르트르, 라이프니츠와 레싱에 대한 분석과 같이 광범위한 내용들이 담겨 있다. 1932년부터 1933년까지 행한 강의를 기초로 1947년에 출판된 『19세기 개신교 신학』(*Die protestantische Theologie im 19. Jahrbundert*)에서 바르트는 제목과는 무관하게 루소(Jean Jacques Rousseau), 칸트(Immanuel Kant), 헤르더, 노발리스, 헤겔 등을 다루고 있는데 본문 중 특히 헤겔에 관한 장은 헤겔 전문가들 사이에서 명저로 평가되고 있다.

바르트 신학의 두드러진 특징은 그가 『로마서 주석』 이후 성서에 집중하고 있다는 점과(욥기에 대한 상세한 주석은 『교회교의학』에서 가장 인상적인 부분이기도 하다), 고대 이후의 신학전통에 대한 정밀한 작업을 수행한다는 점이다(이를 위해 1929년 이후 이루어진 바르트의 여자친구이자 비서였던 샤를로테 폰 키르쉬바움[Charlotte von Kirschbaum]의 작업은 필수적이었다). 1931년 출판된 안셀무스에 관한 저서 이후 바르트는 늘 고대와 중세의 신학사상가들을 깊이 연구했다. 구 개신교정통주의에 대한 연구 역시 게을리하지 않은 덕분에 바르트는 『교회교의학』의 서론에서 삼위일체론에 대한 심화된 제언을 할 수 있었다. 『교회교의학』에서 다루는 예정론에 관한 전문적·신학적 주석들은 낱권으로 출판되어도 손색이 없을 정도다. 바르트는 신학적 주저에서 각각의 개념을 매우 상세히 정의하는데, 그중 특히 작은 활자로 쓰인 주석들은 반드시 살펴보아야 한다. 이 주석들에서 바르트는 종종 일상적인 문제들에 대한 입장을 표명하는데 **이것이 바로 이 책의 주된 논의 대상들이다.**

(사망하기 바로 직전인) 1968년에 **다름슈타트**(Darmstadt) **언어와 시 부문에서 독일 학술원이 수여하는 학술적 산문에 대한 지그문트 프로이트 상을 수상**한 것을 계기로 그의 언어는 재평가받게 되었다. 바르트가 사용하는 언어의 이중성이 널리 알려진 것은 이때의 일이었다. 그의 학문적 저술들에는 과도한 양식이 반복적으로 사용된다. 네덜란드의 신학자 미스코테(Kornelis Heiko Miskotte)는

이를 가리켜 "유창한 언변 속에서 일어나는 반복과 지속, 교차 연결의 원리"라고 말하기도 하였다. 그것은 엄밀한 의미에서는 적절치 않은 개념들을 이용함으로써 "결코 '미리 주어지지' 않은, 다양한 측면을 가진 진리"[30]를 드러내려는 시도였다.

제3장
초핑기아 협회와
사회적 질문

청년 바르트는 첫 학기부터 신학에 매진하였다. 그의 세미나 과
제물들에서는[1] 이 젊은 신학생이 처음부터 분명한 목표의식을 가
지고 자신의 길을 걸었다는 사실이 명백히 드러난다. 과연 그는 젊
은 시절부터 이 책의 주제인 **정치적** 성향을 가졌을까? 갓 스무 살
도 되지 않았던 신학생 바르트는 "순수 신학"뿐만이 아니라 당시의
일상적 사건들에도 주의를 기울였다. 우리는 여기서 1904년 가을
부터 바르트가 스위스 초핑기아(Zofingia) 협회의 베른 지부 회원이
되었다는 점에 주목할 필요가 있다. 1906년 여름에 그는 학생연합
인 초핑기아 협회의 의장이 되기도 하였다. 초핑기아 협회는 바르트
가 최초로 정치적 의견을 공식적으로 개진한 자리이기도 하다.*

---

* 〈역자주〉 본래는 "초핑엔 지역 협회"(Zofingerverein)로 명기하는 것이 옳다. 하지만 —아

초핑기아 협회는 1819년에 창설된 스위스에서 가장 오래된 학생협회다. 초핑기아 협회는 독일 일반 청년회(*Allemeine Deutsche Burschenschaft*)의 사상적 후신이라고도 할 수 있다. 독일 일반 청년회는 그 유명한 바르트부르크 축제(1817년 10월 18-19일)가 벌어진 지 2년 후 메테르니히의 지도 아래 있던 유럽의 반동 세력들에 의해 금지되고야 말았다.* 독일 일반 청년회는 "내각책임제와 결합된 입헌군주제, 공적 절차와 배심원제를 갖춘 통일된 법률, 언론 및 출판의 자유, 자기결정, 병역 의무 등을 요구하였다. 당시 급진 세력들은 공화정을 주장하였다."[2]

우리는 세웠다네
그 새하얀 집을
거기에서 우리의 삶이 넘쳐나도록
그 해 여름이었지

래 본문에서 설명되듯이—이 협회는 초핑엔 지역을 넘어 스위스 전역에 지부를 둔 유력한 협회로 성장하게 되기에 이 책에서는 "초핑기아 협회"로 표기한다.

* 〈역자주〉 독일 일반 청년회는 나폴레옹의 독일 점령 및 당시 지배세력에 맞서 독일의 통일과 새로운 정치질서 수립을 지향하는 단체로서 대학생들을 중심으로 생성되었다. 이들은 1817년 10월 18-19일에 열린 바르트부르크 축제를 통해 애국주의와 민족주의를 기반으로 하는 새로운 정치질서의 수립을 요구하는 시위를 벌이고, 전제주의 계통의 서적들을 불태우는 등의 행동을 취하였다. 그러나 이들의 기대는 지나치게 낙관적이었고 얼마 지나지 않아 독일연맹을 구성하고 있는 각 주의 반동주의적 정부들에 의해 탄압받게 된다.

친구들이여, 복 있으라

용기를 가지고 노하라

하나님이 우리의 노동에 축복하시고

우리에게 승리를 주시리.[3]

이 노래는 오늘날까지도 초핑기아 협회의 행사 때마다 일동 기립한 채 울려 퍼지는 곡이다. 본래 이 노래는 독일 일반 청년회의 강제 폐쇄에 항의하여 1819년 11월 26일 예나에서 봉기했던 학생들이 불렀던 것으로, 아우구스트 폰 빈처(August von Binzer)가 프랑스어로 번안한 곡이다.

우리는 세웠다네

국가라는 큰 집을

하나님을 신뢰하며

악천후와 폭풍, 좌절에도 불구하고.

그 집은 무너질지 모르나

그것이 대체 무슨 난관이랴

우리 모두 안에는 정신이 살아 있고

하나님이 우리의 산성이시니![4]

초핑기아 협회는—스위스와 프랑스로 전파된—독일 청년회의 자유주의적 진영이라 정의내릴 수 있다. 1819년 7월 21일부터 24일까지 두 도시들 사이의 중간지점에 자리한 (아르가우 주의) 소도시 초핑엔(Zofingen)에 취리히와 베른의 대학생들이 모였다. 이들은 함께 기념식을 가졌다. "'옥센'에서의 회의와 '뢰슬리'에서의 식사에 참석한 모든 이들에게서 아직 구체적이지는 않지만 서서히 불타오르는 열기가 느껴졌다."[5] 이들은 매년 회합하기로 정했고, 그로부터 얼마 지나지 않아 스위스 전역의 학생들이 참석하게 되었다. 취리히와 베른(1819), 로잔과 루체른(1820), 바젤과 브라이스가우의 프라이부르크(1821), 장크트갈렌과 샤프하우젠(1824), 쿠르(1828), 위에히트란트의 프라이부르크(1829), 아라우(1834), 루가노(1854), 슈비츠(1857) 등지에 "지부들"이 설립되었다.[6] 여기에 거론된 지역들의 면면을 살펴보면 대학생들뿐만 아니라 고등학생들도 초핑기아 협회에 가입했다는 것이 분명해진다. 1820년에 이미 초핑기아 협회에는 4개 주에서 온 120명의 회원이 있었다.[7] 이들의 구상은 고등교육을 지향하는 모든 스위스인들을 아우르는 단일 협회를 만드는 것이었다. 하지만 장기적으로 그 목표는 관철되지 못했다. 1824년에 이미 바젤의 주교였던 프란츠 자베르 드 느뵈(Franz Xaver de Neveu)는 졸로트후른 지역 대학생들이 "초핑엔의 개신교도 협회"와 "불건전한 형제관계"를 결성함으로써 "최고 목자의 마음"을 근심시킨다고 비판하였다. 이 협회들은 "교회와 국가를 좀먹고 전복"하는 것을 목표로 하기 때문이라는 것이다. 가톨릭 신학의 성직후보자들 중 "이 비밀 결사 안에서 개신교도들과 연결되어 있는" 이들은 신부서품을 받을 수 없었다.[8]

이에 관해 더 상세하게 거론할 필요는 없을 것이다. 날로 발전하는 스위스의 초평기아 협회에서 가톨릭 교인을 발견하는 일은 점차 드물어졌다. 19세기를 기점으로 초평기아 협회는 여러 노선들로 분화되었다. 그중 가장 커다란 논쟁거리는 특정한 정당과 연합할 것인지(이것이 초평기아 협회에서 가장 주도적·급진적이었던 "헬베티카" 그룹의 입장이었다), 아니면 여러 노선들에 대해 개방적 입장을 고수할 것인지에 관한 것이었다. 1848년에는 다음과 같은 내용이 정관에 삽입되었다. "자유로운 신념을 가진 자유로운 학교, 초평기아 협회는 모든 견해들을 포용한다."[9] 초평기아 회원들은 "초평기아 협회는 그 어떤 정치 진영도 배제해서는 안 된다"고 생각했고[10] 이에 따라 초평기아는 다양한 영역들을 수용하였다.

초평기아 협회에서는 광범위한 정치적 논의들이 이루어졌다. 초평기아 협회는 "그 내·외적인 구조에 있어 스위스의 정신적·국가적 삶의 거울이었다. 교회와 신학에는 결코 고립되지 않은 가운데 (비판적) 연대 속에서 성취해야 할 임무"가 있다.[11] 20세기로의 전환기에 이르러 스위스의 수많은 유력 신학자들이 초평기아 협회의 회원이 되었다. 칼 바르트는 열정적인 동시에 저항적인 회원이었고, 노령에 이르러서도 초평기아 협회와 긴밀한 관계를 유지하였다. 그는 1959년에도 두 번이나 바젤 시 활동가들의 초대를 받고 토론회에 참석하였다.[12] 바르트는 후에 "베른에서 지낼 때 나는 학생으로서의 기쁨을 만끽했다"고 회고한 바 있다.[13] (독일에서의 교회투쟁의 시기뿐만 아니라 향후 칼 바르트와 각별한 친구 사이가 된) 독일 신학자인 귄터 덴(Günther Dehn)은 자서전에서 후일 투쟁의 동료가 될 바르트와의 첫 번째 만남에 대해 기록하고 있다.

> 우리는 베른의 교회사 및 신약 교수인 프리츠 바르트 교수의 집으로 저녁식사 초대를 받았다. 나는 신학생이었던 그의 장남 곁에 앉아 그와 더불어 교회와 신학, 그중에서도 특히 스위스의 교회와 신학에 대해 기꺼이 대화할 마음이 있었다. 하지만 그가 자기가 소속되어 있는 초핑기아 협회에 대한 이야기를 끊임없이 늘어놓았기 때문에 그럴 기회가 없었다. 나는 당시 대학생들의 협회를 완강히 반대하는 사람이었기 때문에 그 점이 짜증스러웠다. 분명 그는 학기 중에 협회의 일로 다방면에 걸쳐 씨름했고, 이제는 자기의 경험들에 완전히 매료되어 있었다. 그날 밤에는 이 신학생이 후일 그토록 저명한 신학자 칼 바르트가 될 것이라고는 전혀 생각지 못했다.[14]

바르트가 열정적으로 활동하던 시절 초핑기아 회원들 중 일부는 당시 활발한 활동을 펴고 있던 **종교사회주의** 운동에 깊이 관여했다. 종교사회주의 운동의 "수장들"이었던 헤르만 쿠터와 레온하르트 라가츠는 모두 초핑기아 협회의 회원으로서 스위스 초핑기아 협회에서 발간되는 「중앙회지」에 글을 싣기도 했다. 1889년 당시 바젤 대학교 학생이었던 라가츠는 "사회적 질문들에 대한 연구"를 초핑기아 협회의 핵심 과제로 삼을 것을 촉구하면서 사회적 질문이야말로 "개념이 망각된 우리 시대"를 움직일 "가장 고귀한 것"이라고 주장하였다.[15]

바르트는 1906년 1월 20일에 초핑기아 협회 베른 지부에서 "초핑기아 협회와 사회적 질문"이라는 제목의 강연을 하였는데, 당시의 원고가 보존되어 바르트 연구에 있어 귀중한 자료가 되고 있다. 귄터 덴이 거론한 초핑기아 협회에서의 씨름이란 이 강연과 관련되어 있다. 당시 바르트는 채 스무 살도 되지 않은 나이에 세 번째 학기를 보내고 있는 학생이었다. 하지만 이 강연을 통해 바르트가 지적으로 매우 뛰어난 재능을 타고났을 뿐 아니라 정치적으로도 깨어 있었다는 사실을 느낄 수 있다. 자세히 들여다보면 매우 기이한 일도 발견된다. 청년 바르트의 강연에 후일 연방 정부 의장의 자리에 오르는 에두아르트 폰 슈타이거(Eduard von Steiger)도 참석했다는 것이다. 1940년대에 바르트는 망명자 문제를 놓고 슈타이거와 심하게 대립하는데, 당시 행사의 녹취록을 들어보면 두 사람은 이미 첫 만남 때부터 서로를 잘 이해하지 못하고 있었음을 알 수 있다.

청년 바르트는 매우 진지하면서도 섬세한 사람이었다. 이 강연에서 바르트는 협회의 다른 동료들은 전혀 생각지도 못했던 점을 비판하였다. 가입비와 이에 추가되는 제반비용이 지나치게 비쌌기 때문에(매월 당시 공장 노동자들이 하루 13-15시간씩 노동해 벌어들이는 임금의 두 배[16]인 10프랑켄이 들었다) 초핑기아 협회에는 일정 계층 이상 집안 출신의 남성만이 가입할 수 있었다. 바르트는 이러한 현실이 초핑기아 협회의 창립 의도에 부합하지 않는다고 보았으며, 회원모집과 관련해 "당연히 행해져야 할 것들이" 제대로 이루어지지 않고 있으며, "하위층 및 중산 계층의 학생들"의 수가 너무 적다는 사실을 비판하였다.

> 초핑기아의 가장 중요한 과제는…회원들의 모임을 통해 사회적 간극이 메워지도록 기여하는 데 있다. 물론 일부 예외가 있을 수도 있다. 하지만 전체적으로 보아 우리는 "선한 사회"의 학생연합이 되기 위한 과정 중에 있다는 사실을 잊어서는 안 된다.
> …반면 초핑기아가 "선한 사회"를 지향한다고 하면서도 실제로는 이기적이고 폐쇄적인 단체가 된다면 사회적 활동성, 즉 그 구성원들을 사회적으로 양육하는 일은 내부에서부터…대단히 심각하게 위협받을 것이다. 비록 사회적 활동성이 완전히 마비되지는 않는다 해도 그런 단체는 사회적 투쟁 중에 있는 정당에 지나지 않는다.[17]

여기에서는 "회계장부에 대한 철저히 일상적인 질문"이 관심사로 다루어지고 있다.[18] 회원들에게 부과된 "공식적·비공식적 부담"은 "반드시 완화되어야" 한다.[19] 바르트는 내부적으로는 "지부 모임에 보다 다양한 사회계층이 참여할 수 있도록" 할 것을, 외부적으로는 "외적인 신분차를 강조하는 낡아빠진 관습을 제거"할 것을 촉구하였다.[20]

나는…이미 잘 알려진 1903년 독일 제국의회 선거 결과 중 일부를 인용하려 한다. 1903년 작센 주에서는 선출된 23명의 의원들 중 22명이 사회민주주의자들이었고, 그중 18명은 1차 투표에서 곧바로 선출되었다. 한자도시인 뤼베크와 브레멘, 함부르크에서는 오직 사회민주주의자들만이 선출되었다. 약 220,000개의 표 중 136,000여 표가 사회민주주의자들에게 돌아갔다. 수도 베를린에서 뽑힌 6명의 의원 중 5명이 사회민주주의자들이다. 뮌헨, 슈투트가르트, 칼스루에, 바이마르, 브라운슈바이크, 슈파이어, 뉘른베르크, 만하임, 다름슈타트, 마인츠, 에슬링엔 등과 튀링엔 지역의 여러 소도시 지역들에서도 압도적인 표차로 사회민주주의자들이 선출되었다―이것들은 단지 숫자와 지명에 지나지 않는다. 하지만 나는 그것들이 말하는 바가 매우 분명하다고 생각한다![21]

이와 더불어 바르트는 스위스의 현실도 언급한다. 1906년 스위스의 "상황은 점점 더" 첨예화되고 있어 "**자본과 노동, 맘모니즘과 빈곤,** 다시 말해 **부자**와 **가난한** 자 사이의 간극이 날마다 커지고 있다. 사회민주주의적 선동가들의 입을 통해 거론되든 거론되지 않든 간에 그렇다고 할 수 있다."[22]

당시에도 이미 바르트는 독일의 "참을 수 없는 군국주의"와 러시아에서 벌어지고 있는 "비잔틴 제국 식의 봉건지배"와 "무력적 폭력지배"를 비판하였다.[23] 여기서 바르트는 라가츠가 1905년 기도의 날(Bettag)*에 바젤 교회에서 행한 설교를 인용하고 있다.

모든 영역에서 사회적 대립이 불타오르고 있으며, 엄청나게 폭발적으로 진행 중이다. 가장 최근에 이르러 이 대립은 시민질서를 어지럽히고 국가적 수치를 초래할 만큼 심해졌다. 매우 깊은 절망감이 상황을 더욱 악화시키고 있다. 역사상 최악의 시대에 그랬던 것처럼 오늘날 우리 민족은 적대적 진영으로 양분될 위험에 처해 있다. 강력한 무력을 앞세운 군대가 거리를 행진한다면 우리 앞에는 유혈이 낭자한 시민전쟁이라는 악령이 서 있을 것이다. 양측 모두가 전쟁을 점차 현실화하고 있다는 사실은 그 자체로도 고통스러울뿐더러 좋은 일이 일어나리라는 예측마저 불가능하게 한다. 모든 관계들이 격하게 요동하고 있다. 많은 이들이 외부적 요인으로 인해 위협당하는 광경을

---

* 〈역자주〉 기도의 날은 중세 후기부터 이어지는 스위스의 초교파적 기독교 전통으로 9월 셋째 주 일요일을 가리킨다. 정식 명칭은 "감사와 참회, 기도의 날"로 이날에는 각 주(칸톤) 별로 스포츠나 춤 행사 등이 금지되곤 하였다.

목도하고 있으며, 다른 이들은 이 같은 상황을 초래하는 내적 갈등 때문에 고통받고 있다.[24]

레온하르트 라가츠는 1903년 바젤 시에서 소요사태를 일으켰던 건설노동자 파업에 대한 설교로 큰 소동을 불러일으켰다. 라가츠는 이 설교에서 "그리스도교"는 "새로운 세계의 생성"에 대해 "냉혹하고 이해심이 결여되어 있다"고 공격하였다. 이에 반하여 라가츠는 그리스도인들은 "가난한 자들과 성장해가는 민중계층의 편"에 속해야 한다고 주장하였다.[25] 청년 바르트는 초기부터 라가츠에게서 지대한 영향을 받았다.

신학생이었던 바르트가 당시의 사회문제들과 관련하여 성서를 인용하는 것은 당연한 일이다. 그는 누가복음 10:28 이하의 이중 사랑계명을 인용하며 이를 당시 신학의 유행을 따라 그리스도인의 이중 책임으로 해석하였다. 즉 "개인에게는 신성과 인류에 대한 책임"이 있다는 것이다. 여기서 우리는 바르트의 전 생애를 관통하는 주된 동기를 거론할 필요가 있다. 신학생 시절부터 바르트는 "사회적 질문"을 다루면서 이를 의식적으로 스위스 종교개혁 전통과 연결 지었다. 바르트는 츠빙글리, (바젤의 개혁가인) 외콜람파디우스(Ökolampad), 칼뱅 등의 사상을 토대로 하였으며, 프랑스 혁명이 발발하기 아주 오래전부터 이미 "바젤, 취리히 같은 스위스 도시공화국"에는 "국가에 대한 모든 시민의 평등한 권리"라

는 개념이 알려져 있었다고 강조하였다.[26]

이 젊은 신학자는 스위스 정치의 독특한 발전과정에 개신교가 어떤 영향을 끼쳤는지 잘 알고 있었다. 개혁주의적 그리스도교와 공화주의적 성향 사이에는 본래 깊은 친화성이 자리하고 있었다. "대의민주주의라는 정치 형태"의 기원이 장 칼뱅의 "교회직제의 직무구분"에까지 거슬러 올라간다는 것은 결코 우연이 아니다.[27] 1906년 당시 초핑기아 회원이었던 칼 바르트를 알게 된 사람이라면, 앞으로 그가 정치 영역에서 보일 발전상에 흥미를 느끼게 되었을 것이다.

제4장
자펜빌의 목사

1911년 7월 9일 칼 바르트는 25살의 나이로 아르가우의 자펜빌에 있는 교회에 목사로 부임한다. 자펜빌의 교인들은 얼마 지나지 않아 바르트가 교인들의 영혼만이 아니라 몸의 문제까지도 다루는 목사라는 것을 깨닫게 된다. 젊은 바르트는 "종교사회주의적" 목사였다. 그는 라가츠와 쿠터, 블룸하르트(C. F. Blumhardt)로부터 지대한 영향을 받았다. 블룸하르트는 1899년 가을 당시로서는 드물게 사회민주당에 가입하는 획기적인 행보를 보임으로써 큰 화제가 되었다. 교회 감독기관의 요구에 따라 블룸하르트는 "자진해서" 목사직을 포기해야 했다. 1900년 12월 18일에 블룸하르트는 뷔르템베르크 주의 사회민주당 소속 지방의회 의원으로 선출되어 6년 동안 일하였다. 블룸하르트는 세기의 전환기에 고통받던 노동자들의 편에 서서 일했던 신학자들 중 가장 용감하고도 "위대한"

인물이었다. 일약 유명인사가 된 블룸하르트와 칼 바르트의 첫 만남은 1907년 12월 27일에 이루어졌고, 이후로도 바르트는 블룸하르트를 여러 차례 방문하였다.[1] 1919년에 블룸하르트가 사망하자 바르트는 블룸하르트야말로 "구원을 향한 신음에 가장 예민하게 귀 기울인" 인물이었다며 애도의 뜻을 표했다. 그가 들었던 신음 소리는 창조세계 전체를 관통하여 울리고 있다. 블룸하르트는 "지금 현재 존속되고 있는, 유효한 것"에 머물러 있지 않고 "언제, 어디서나 옛것들로부터 새로운 것"[2]이 발생하리라 믿는 데서 삶의 "짐…그러나 또한 기쁨"을 발견했다. 바르트는 블룸하르트가 "현재의 삶에서 중요한 것이 무엇인지를 이해하는 이들과 옛것에 대한 미래의 승리를 믿는 모든 이들 가운데 살아 있을 것"[3]이라고 확신했다. 바르트에게 블룸하르트는 "미래"[4]의 사람이었다.

자펜빌 교회의 교인들 대다수는 재정적으로 매우 열악한 상황에 처해 있는 직물 노동자들이었다. 당시 아르가우 지역에 위치한 대규모 직물공장의 노동조건에 대한 아래의 증언이 자펜빌의 상황을 이해하는 데 도움이 될 것이다.

가장 유력한 기업체들(피셔, 앙리 슐라터, 한스 피셔 Co.)은 자기 회사의 노동조건이 널리 알려진 뒤인 1911년에 이렇게 진술하고 있다.

일반적인 노동시간은 11시간이지만 노동자들은 추가수당 없이 12시간씩 공장 안에서 일해야 했다. 일을 마치고 나면 세탁해야 할 직물을 받아들고 집으로 가서 빨래를 하느라 매일 밤 추가로 한 시간에서 세 시간 더 일해야 했다. 이처럼 강도 높은 노동을 하는 대가로 받는 시간당 평균 임금은 22라펜(Rappen)이다. 13시간 내지 15시간에 이르는 공장 및 가내 노동 끝에 지급되는 일당은 기껏해야 4프랑켄(Franken)에 불과하다. 반면 여직공이 15분 지각하면 벌금으로 50라펜, 즉 두 시간 노동에 해당하는 돈을 지불해야 했다. 여직공들 대부분은 11시간 노동을 통해 1.9프랑켄에서 2.5프랑켄을 "벌었다."

사측이 노동자들의 협상요구를 거부하자 31주 동안 분규가 지속되었다. 직물노동자협회의 개입으로 4월 9일에 총회가 개최되었고, 그 결과 노조가 설립되어 순식간에 조합원 250명이 모였다.

노조설립에 대하여 사측은 "노조에 대한 경고문"으로 대응하였다.…이미 협회에 가입한 회원들은 4월 15일까지 탈퇴하지 않는다면 해고할 것이라는 협박을 받았다.…노동자들은 헌법에 보장된 결사권을 근거로 이에 반박했으며 사측은 불법이라는 정부의 권고에 따라 해고 경고문을 취소하였다. 그러나 이후에도 사측이 수많은 해고문을 남발한 결과 백여 명에 달하는 노동자들은 고립될 수밖에 없었고, 기타 조직에 가입한 이들도 매일같이 해고 위협에 시달려야 했다.

마침내 본격적인 행동이 개시되었다. 공장주들과 고위급 직원들은 남녀 노동자들을 개별적으로 만나 노조 탈퇴 확약서를 내밀며 서명을 강요했다. 하지만 270명의 조합원 중 탈퇴한 이들은 28명에 불과했다. 사측이 회의를 위한 공간 제공을 거부했기 때문에 노동자들은 쟁의기간 동안 창고에서 모임을 가졌다.[5]

바젤의 신학교수 파울 베른레(Paul Wernle)에게―자펜빌에 부임한 지 일 년도 채 되지 않은 시점인―1912년 4월 26일 보낸 편지에서 바르트는 자펜빌에 도착한 지 "반 년이 되기도 전에…사회주의자들 가운데 있다는"[6] 것은 자신에게도 놀라운 일이라고 썼다. 바르트는 청십자회(경건주의자들이 알코올중독에 대항하기 위해 설립한 협회로서 금주를 약속해야만 회원이 될 수 있었다)의 지역 의장이 되었다. 훗날 회고했듯이 제네바에 있을 때까지만 해도 바르트는 사회주의나 청십자회와 특별한 관계가 없었다(물론 이것은 초평기아 협회에서의 강연 때의 진술로 약간 과장된 면이 있다). 베른레에게 보낸 같은 편지에서 바르트는 "목사에게 허락된 중요하면서도 유일한 작업수단은…깊은 숙고를 거친 교의학"이라고 적었다.[7] 자펜빌에서도 그는 여전히 신학적 작업을 매우 중요하게 여겼지만 더 이상은 "실천적 문제들에 대한 의식적 입장 표명에 나서는 대신 어깨를 으쓱할 뿐 그저 무심히 지나쳐버리는 식의" 태도를 고수할 수 없었다. 다시 말해 더는 "구름 너머에서" 부유하듯 정치적 중립을 유지할 수 없었다. "알코올중독에 대해서뿐만 아니라 자본주의에 대해서도" 분명한 입장을 밝혀야 했다. 각종 사안을 목사관 창문을 통해 그저 바라보기만 하면서 "중립적인 '복음'"을 대변하기란 불가능한 일이었다.[8]

1913년 여름 자펜빌 노동자협회의 5인위원회는 바르트에게 "협회와 사회민주당에 가입하는 동시에 그 지도부를 구성해줄 것을 부탁"하였지만, 바르트는 아직 사회민주당의 당원이 되지는 않았다. 한 동료에게 보낸 편지에서 바르트는 여기에 대해 "4주간의 고민 끝에 그 제안을 끝내 거절했지만 그것은 스스로 세운 원칙때문이라기보다는 잠정적 거절에 가까웠다"고 쓰고 있다. 이것은 하나의 신학적 동기에서 비롯된 결정은 아니었고, "그 직무를 수행하기에는 첫째로는 정치적 이해도와 숙련도에 있어서, 둘째로는 목사직과 이 과제를 겸하는 데 있어 아직 미숙한 부분이 많았기 때문이었다." 바르트는 "어느 경우에든 확실한 방식으로" 살기를 원했다. "경우에 따라서는 앞장설 수도 있지만" 그는 "아직 완전한 사회주의자는 아니었다." 하지만 그것은 상황에 따라 "분명 일어날 수도" 있는 일이었다.[9]

시골 마을 자펜빌의 젊은 목사는 처음부터 줄곧 어려운 여건에 처한 노동자들의 편에 서 있었다. 하지만 그는 충분한 준비와 숙고를 거친 끝에 제1차 세계대전 중에야 비로소 사회민주당에 가입했다. 바르트는 친구인 투르나이젠(Eduard Thurneysen)에게

1915년 2월 5일에 보낸 편지에서 이 같은―당시로서는 매우 담대한 것이었던―결정을 내린 배경에 대해 다음과 같이 설명한다.

> 나는 이제―1915년 1월 26일을 뜻한다―사회민주당에 가입하였다. 내가 주일마다 최후의 일들에 대해 말하기 위해 애써왔다는 점이 나로 하여금 지금처럼 악한 세상 위의 구름 너머로 부유하는 것을 더이상 허락하지 않는다. 바로 지금이 가장 위대한 것에 대한 신앙은 미완의 것들 속에서의 작업과 고난을 피하는 대신 오히려 포괄한다는 점을 제시할 때다. 나는 우리 교회에 출석하는 사회주의자들이 정당에 대한 나의 공개적인 비판을 통해 나를 좀 더 깊이 이해할 수 있기를 희망한다. 나는 또한 내 스스로가 "본질적" 방향에 충실할 수 있기를 바란다. 이것은 어쩌면 2년 전에 이미 일어났어야 할 일이었는지도 모른다. 이곳에 온 초기에 나는 모든 정치적 정당 활동을 거부했지만 이제는 당비를 납부하고 강연을 행함으로써 당과 함께 일하고자 한다.[10]

이 편지는 바르트 연구에 있어 매우 중요한 사실을 알려주는 자료다. 이 서신에는 바르트가 아직까지도 사회주의자는 아니라는 점이 드러난다. 스스로 밝혔다시피 바르트는 자신이 "가장 위대한 것", 즉 신에 대한 신앙에 구속되어 있음을 의식하고 있다. 그에게 있어 현세적인 것들은 상대적인 의미를 지닐 뿐이다. 바르트는 독일 사회민주주의자들이 "만국의 노동자여 단결하라!"는 당론에 반해 1914년 여름 전쟁선언서에 찬동했다는 이유로[11] 공개적 비판을 가했다. 그럼에도 바르트는 사회민주주의자들의 편에 서고자 했다. 사회 현실을 그저 관망하며 자유롭게 떠도는 지성주의는 무가치하기 때문이다.

바르트의 절친한 친구 에두하르트 투르나이젠은 바르트의 결정에 공감하면서도 보다 조심스러운 입장을 취한다. 그 역시도 종교사회주의자였지만 정당에는 가입하지 않았다. 1914년 11월의 편지에서 투르나이젠은 "신앙적으로 철저히 신에게 방향을 두고, 오직 신으로부터 오는 가장 위대한 것들을 고대하는 태도를 가지는 것"이 중요하다고 말한다. 그것은 "순전히 내면으로부터" 규정된 "종교적 방향정위"다.[12] 투르나이젠은 사회주의를 내면화하고 심화시키고자 했던 것이다.[13] 아쉽게도 지금은 남아 있지 않은 1913년 6월의 편지에서 이미 그는 기독교를 "탈정치화"할 필요가 있다고 말한다. 이에 대해 바르트는 투르나이젠에게 다음과 같은 것을 더 고민해보라는 조언을 건넸다.

나는 네가 전에 말한 "탈정치화"(Entpolitisierung)가 무엇을 뜻하는지 잘 모르겠다. 그리스도인이라면 무조건 정당 활동을 멀리해야 한다는 의미인가? 아니면 목사들에 한해서 그렇다는 것인가? 그 말대로라면 우리는 정당을 복음에서 멀어진 이들에게 넘겨주어야 한단 말인가? 만일 내가 (사회민주당에 가입하라는 제안을) 거절한다면, 나는 그것을 오직 전혀 기쁨이 없이 말하는 셈이 될 것이며, 인간이 가진 비참할 정도의 연약함에 어쩔 수 없이 무릎 꿇는다는 심정으로 말하는 셈이 될 것이다.…하지만 나는 어떤 기독교적 열정 안에서 그런 "아니오"를 말할 수 없다. 나는 다만 이렇게만 말할 수 있다. 유감스럽게도, 유감스럽게도 지금은 "아니오"라고 말할 수 없다.[14]

칼 바르트는 곤란한 상황에 뛰어드는 것을 주저하는 사람이 아니었다. 국가사회주의가 맹위를 떨치던 시대에 전면에 나섰던 것도 바로 그러한 과감함 때문이었다.

1913년에 공식적으로 지역 지도부를 구성해달라는 의뢰를 받은 뒤로 바르트는 경제적·사회정치적 문제들에 대한 이론 탐구에 매진하였다. "1913년 가을에 그는 『노동자문제』라는 자료집 저술에 집중하였다." 1913년 12월 15일에 바르트는 신학이 "유감스럽게도 뒷전으로" 밀려났다고 적었다. 그는 「신학과 교회를 위한 잡지」(*Zeitschrift fur Theologie und Kirche*)에 게재된 "신의 인격성에 대한 사실"이라는 논문이 "한동안 (자신의) 마지막 작업"이 될지 모른다고 걱정하였다. "신의 인격성에 대한 사실"은 권위 있는 학술 잡지에 "두 부분으로 나뉘어"[15] 실린 조직신학 논문으로서 1914년에 출판되었다.

이 시기에 "23×18cm 규격용지에 61장 분량으로 쓰인" 자료집

이 만들어졌다. 이 자료집은 "동일한 포맷의 겉표지로 묶였다." 이 중 대부분은 바르트 자신이 작성하였지만, "여러 신문지면들, 때로는 사설 전체를 풀로 붙이기도 했다."[16] 이 자료모음집에는 바르트가 당대의 문제들과 얼마나 치열하게 씨름하였는지가 여실히 드러난다. 그는 사회개혁적 성향의 베를린 대학교 교수 베르너 좀바르트(Werner Sombart)의 저작들과 같은 국가경제학 관련 문헌들을 탐독했다. 1912년 1월 중순부터 그해 연말까지는 목사관에서 좀바르트의 저서 『사회주의와 사회운동』에 대한 독서토론회를 주관하기도 했다.[17] 국가경제학의 질문들을 그토록 자세히 연구했음에도 불구하고, 바르트가 국가경제학의 고전인 아담 스미스, 데이비드 리카르도, 존 스튜어트 밀 등의 원전을 읽지는 않은 것처럼 보인다. 바르트는 좀바르트 외에 761쪽에 달하는 방대한 작품인 『노동자문제』(Die Arbeiterfrage)를 열성적으로 연구했다. 이 책은 베를린 왕립 공업대학(Königliche Technische Hochschule)의 국가경제학 교수 하인리히 헤르크너(Heinrich Herkner)가 쓴 것이다.[18] 바르트는 어린 시절의 친구에게 보내는 편지에서 베를린에서 공부할 때에 "국가경제학 수업을 듣지 않았던 것"을 후회하였다. 지금으로서는 필요한 것들을 "그때그때 긁어모으고" 있는 형편이었다. 바르트는 「조합원 동향」(Gewerkschaftliche Rundschau), 「직물노동자」, 「소비자 협회 신문」 및 「농민신문」 등을 정기 구독했다. 그는 바젤 신문의 산업란을 매일같이 — "아주 열심히" 읽었지만 종

종 "아무런 수확 없이"—읽었다. 그는 여전히 많은 것들을 "이해하
는 데 어려움을 겪었다." 바르트의 친구들은 그가 수학이나 재무
기술 분야에는 별로 소질이 없다는 것을 알고 있었다.

바르트는 공장 노동자들의 교육수준이 향상되어야 한다는 점
을 분명하게 인식하고 있었다. 그는 좁은 의미에서의 교회 사역활
동(설교, 강의, 목양) 외에도 남녀 노동자들을 위한 야간 성인 교육
반을 조직하였다. 그들과 함께 바르트는—본인의 표현에 의하면—
"일상적·실천적 질문들"(노동시간, 재무활동, 여성노동 등)에 관해 토
론을 벌였다. 투르나이젠에게 보낸 편지에 의하면 바르트가 그 일
을 한 동기는 "매료되어서가 아니라 단지 그 일의 필요성을 절감
했기 때문"이었다.[19] 이런 표현은 후에 그로부터 더 큰 의미를 얻
게 될 것이라는 점을 암시하고 있다. 바르트가 정치 활동에 적극
적으로 나선 것은 사실이지만, 그는 자신의 정치적 행보를 이데올
로기와 결부시키는 것은 거부했다.

1911/12년 겨울에 바르트는 한 가정대학에서 건강과 장부 부
기에 대해 강의하였다.[20] 자펜빌의 "노동자들 사이에서 노조조직
에 대해 교육하는" 일을 "방해하려는 공장주들의 개입에도 불구하
고 바르트는 이들을 향한 지원을 끊지 않았다."[21] 그는 점차 자기
를 신뢰하는 이들과의 적극적 연대에 나섰다. 독감이 한창 유행하
던 1918년 가을, 바르트는 11명으로 구성된 "긴급구호위원회"의
의장이 되었다. "학교 건물에서 스프를 끓여 원하는 사람이면 누

구에게나 제공했고, 옷가지 등 기타 필요한 물건들도 주었다."²²

이 장을 마치면서 바르트가 1911년 12월 17일 자펜빌에서 행한 "예수 그리스도와 사회운동"이라는 의미 깊은 강연의 내용을 살펴보고자 한다. 이때는 그가 당시 목사직에 부임한 지 반 년밖에 되지 않은 때였다. 이 강연은 바르트가 그곳의 상황에 얼마나 신속히 적응했는지를 보여준다. 이 강연은 「자유 아르가우인」지에 4회에 걸쳐 연재되었다. 강연이 게재된 후 어느 지역 공장주의 아들은 한 신문에서 이 젊은 목사를 심하게 공격하였는데 그 결과 주일예배에 더 많은 사람들이 참석하게 되었다. 우선 바르트를 향한 그의 공격 중 한 부분을 살펴보자.

> 목사님, 당신은 아직 젊으니 나이 든 사람이 한마디 하겠습니다. 20세기에도 이론과 실천 사이의 간극은 여전히 존재하며, 오래된 성서 구절들도 예외는 아닙니다. 말씀은 아주 오래전에 쓰여 이제는 낡았기 때문에 오늘날에 적용하기에는 적합하지 않지요.²³

참고로 이 글을 쓴 사람의 실제 나이는 바르트와 겨우 몇 살 차이밖에 나지 않았다. 다음은 일약 주목을 끌었던 바르트의 강연 중 핵심부분을 인용한 것이다.

예수는 오늘날 우리에게 이념이 아닌 삶의 방식을 제시한다. 우리는 신과 세계, 인간 그리고 인간의 구원에 대한 기독교적 이념들을 가질 수도 있고, 그러면서도 완전한 이교도일 수도 있다. 우리는 무신론자와 유물론자, 다윈주의자임과 동시에 온전히 예수의 뒤를 따르는 제자일 수도 있다.[24]

이 대목은 크리스토프 블룸하르트의 표현을 상기시킨다. 블룸하르트에게 있어 무신론 성향의 독일 사회민주주의 지도자 아우구스트 베벨(August Bebel)은 인류를 위해 나타난 인물로서 "그 어떤 '경건한' 인간들보다" 훨씬 소중한 존재였다.[25]

헤르만 쿠터의 사고방식도 이와 비슷했다. 쿠터는 1903년 『당신의 의무』(Sie müssen)에서 교회와 사회민주주의자들의 역할이 바뀌었어야 했다고 썼다. "용맹한 자들과 강한 자들이 무기력해지고 무기력한 자들, 소수자들과 가난한 자들이 용맹하고 강해졌다. 교회가 했어야 했던 일들을 사회민주주의자들이 행하고 있다. 신은 정작 그가 거주해야 할 곳에서 멀어진 채 인간들의 눈에 띄지 않는 곳에 살고 있다."[26]

바르트 역시도 자신의 강연에서 같은 관점을 선보이고 있다. 예수는 노동자였지 목사가 아니었다. 그는 "가난한 자들과 낮은 자들"을 위해 보냄 받았다고 느꼈다. 그것은 "복음의 역사를 통틀어 우리에게 전해 내려오는 것들 중 가장 확실하다."[27] 사회 계층의 사다리에서 예수보다 아래에 있는 사람은 아무도 없다. 예수에게는 "너무 낮고 나쁜" 사람은 있을 수 없었기에 "그것은 위에서 아래를 향한 공감이 아니라, 아래에서 위를 향해 터져 나오는 화산이었다."[28]

기독교에 대한 일방적·관념적 이해, 즉 인간의 "내면으로만" 향하는 기독교 이해를 바르트는 매우 단호하고 인상적으로 거부하고 있다.

기독교에서 영과 물질, 내면과 외면, 하늘과 땅의 관계에 대해 높이 평가하는 것만큼 주님이자 스승이신 분의 정신에서 크게 벗어난 부분은 없을 것이다. 이에 대해 이렇게 말할 수 있을 것이다. 1,800년 동안 교회는 사회의 곤궁에 대해 말할 때 언제나 영과 내면적 삶, 하늘을 바라보았다. 교회는 설교했고, 회개시켰고, 위로했지만 정작 **도움을 주지는 않았다.** (백번 양보해서 말하자면) 교회는 사회적 곤궁에 처한 이들을 기독교적 사랑으로 선행을 베풂으로써 도울 것을 권면했다. 하지만 교회는 도움을 주는 것 자체가 곧 선행이라고는 하지 않았다. 또한 교회는 사회적 곤궁이 발생해서는 안 된다고 선포하지도 않았고, 사회적 빈곤을 막기 위해 모든 힘을 쏟아 붓지도 않았다.…이것이 교회의 가장 크고도 심각한 타락, 그리스도로부터의 타락이다.

우리가 예수를 향해 있으면 영과 물질, 하늘과 땅의 관계가 완전히 다르게 보인다. 예수에게 세계는 두 개가 아니었다. 그에게는 오직 단 하나, 하나님 나라만이 실재했다. 하나님을 대적하는 것은 땅도 아니요 물질도 아니요 외면적인 것도 아니다. 하나님과 대립하는 것은 악, 혹은 그 시대에 통했던 방식으로 표현하자면, 인간들 가운데 살고 있는 악마 혹은 마귀다. 그렇기에 구원은 영이 물질로부터 분리되거나 인간이 "하늘로 가는" 것이 아니라, 하나님의 나라가 우리를 향해, 물질세계 안으로, 그리고 지상으로 오는 것이다. 말씀이 육신이 된 것이지(요 1:14) 그 반대가 아니다!…하나님 나라는…외면적인 것, 현실적인 삶을 온전히 지배해야만 한다.[29]

비록 일부 개념에 관한 설명이 부족하고, 신학적으로 충분히 심화되지 못한 문장이기는 하지만 바르트는 일생 동안 이 표현에 충실하게 살았다. 1926년 "독일 그리스도인 학생연합"(Deutsche Christliche Studentenvereinigung)의 뮌스터 분과에서 열린 "성서연구시간"에 바르트는 "몸을" 하나님이 "기뻐하시는 제물로" 드리라는 내용의 로마서 12:1-2을 주석하면서 다음과 같이 말하였다.

여기서 영혼이나 정신, 내면적 삶이 아니라 몸을 언급하고 있다는 것이 중요하다! 우리를 향해 내민 손이 뜻하는 바는 다음과 같다. 인간이여, 나는 있는 그대로의 너를 전적으로 필요로 한다. 네 안에는 더 나은 부분, 정신과 자연, 영혼과 몸의 절대적 대립 같은 것은 없다. 그것은 신약성서에 부합한 생각이 아니다. 우리는 사도로 하여금 직접 우리에게 다음과 같이 말하도록 해야 한다. 당신 안에는 더 고귀한 것이 없다. 당신은 머리부터 발끝까지 죄인이다. 하지만 하나님께서는 당신의 모든 것을 필요로 하신다.…우리는 영혼과 몸을 통해 죄를 짓는다. 영혼과 몸은 서로 화해하고, 함께 구원받아야 한다.

하나님이 창조하지 않으셨거나 말씀하시지 않고 넘어가도 되는 영역은 없다. 우리가 함께 이야기할 수 있는 하나의 종교적인 영역이 따로 있고, 그 옆에 자기만의 고유한 독자적 법칙이 있고 하나님의 빛이 비치지 않는 또 다른 영역이 있는 것은 아니다. 그런 식으로 이야기해서는 안 된다. 실은 오히려 그 반대다. 하나님의 자비하심이 모든 것에 미치는 것과 마찬가지로, 모든 것은 하나님의 은총의 작용 아래에 있다. 하나님이 원하고 필요로 하시는 것은 일부가 아닌 전부다.[30]

여기에는 바르트가 전 생애에 걸쳐 펴낸 저작을 관통하는 견해가 드러난다. 영적인 것과 세상적인 것이 분리되어서는 안 된다. 하나님의 법칙에 지배받지 않고 그 나름의 "독자적인" 법칙이 작용하는 영역 따위는 존재하지 않는다. 이와 유사한 표현들은 시기를 막론하고 바르트의 모든 작품에서 나타난다. 기독교 신앙과 삶 전체가—그러니까 정치적 삶 역시도—하나님께 귀속된다는 사실은 바르트에게 있어 결코 포기할 수 없는 신학적 토대였다. **은총의 하나님은 우리의 삶 전체에 대한 주권을 요구하신다.**

특히 중요한 것은 바르트가 1935년 10월 7일 바르멘에서의 행사를 위해 작성한 "복음과 율법"이라는 강연이다. 당시 바르트는 이미 바젤로 이주하여 살고 있었는데, 이 강연을 위해 국가사회주의 통치 기간 중 마지막으로 독일을 방문했다. 하지만 경찰이 바르트가 직접 강연을 하지 못하도록 제지했기에 다른 사람이 원고를 대독하는 동안 정작 본인은 옆에 조용히 서 있어야 했다. 행사가 끝나자 바르트는 국가경찰에 의해 스위스 국경지역으로 호송되었고, 그 이후 10년간 독일국경을 넘지 못했다.

이 강연에서 바르트는 죄인의 칭의에 대한 신앙은 "**정화, 성화, 갱신**"을 뜻하며 그것들 없이는 "아무것도 아니"라고 강조했다. 그게 아니라면 칭의에 대한 신앙은 "불신앙, 헛된 신앙, 미신"에 지나지 않을 것이다. 바르트에 의하면 교회는 "하나님의 **법칙**, 그의 **명령**, 그의 **질문**, 그의 **경고**, 그의 **고발**이 가시적으로 파악될 수 있도록" 해야 하며 "**세상과 국가, 사회를 위해서** 그래야 한다."[31] 이것은 바르트의 작품들에서 일관되게 나타나는 어조다.

자펜빌 시기의 로마서 주석부터 1928-29년의 윤리학 강연 및 『교회교의학』의 초기 작품들에 이르기까지 바르트는 슈바벤의 경건주의자 프리드리히 크리스토프 외팅거(Friedrich Christoph Oettinger)의 명언을 자주 인용하였다. "**신체성은 하나님의 길의 최종지점이다.**"[32] 이 문장은 영적 측면, 피안에만 집중하고 신체와 사회적 측면은 무시하는 식의 기독교에 대한 반대 입장을 취하고

있다. 초기 바르트는 이 문장에 전적으로 동의하였지만 후에 그는
이 말이 "과장은 있지만 계몽주의의 반자연주의적 정신에 대한 저
항을 잘 드러낸 표현"이라 할 수 있는데, 그렇다고 "교조화되어서
는" 안 된다고 말하였다.[33] 1940년에 바르트는 이 문장에 대해 비
슷한 평가를 내렸다. "하나님의 길이 최종적으로 신체성이라는 외
팅어의 말은 역사적 맥락에서 보면 이해할 만한 과장이지만, 실은
우려스러운 표현이다." 이 문장을 "우리는 '신체성 **역시**'라는 뜻으
로 이해해야 한다."[34]

   칼 바르트는 자신의 신학적 입장을 지속적으로 발전시켰지만
몇 가지 근본적 동기들은—특히 정치에 대한 관심은—여전히 유
지되고 있었다. 다음의 장에서는 두 권의 『로마서 주석』들에 드러
난 그의 입장 변화, 그리고 특히 구체화된 이론들에 대해 살펴보
도록 하겠다.

제5장

두 권의 『로마서 주석』

노년의 바르트는 한 인터뷰에서 아르가우의 자펜빌에서 목회하던 시기에 사회주의, "특히 노조운동에 관심을 가졌었다"고 회고한 바 있다. 그는 "수년간 노조운동에 대해 공부했으며, (그 이전에는 노조가 존재하지 않았던) 자펜빌에서도 훌륭한 노조가 세 개나 생겨나는 것을 도왔다."[1] 바르트에게 이런 종류의 실천적 참여는 불가피한 일이었다. 하지만 초기 바르트가 이 모든 것들을 신학적·개념적으로 명료하게 사유한 것은 아니었다. 바르트는 **제1차 세계대전**의 충격을 통해 비로소 자신의 입장을 **신학적으로** 보다 더 예리하게 반성하기 시작했다.

제1차 세계대전이 발발하면서 바르트를 "이중적 혼란"[2]에 빠뜨리는 일들이 벌어졌다.

첫째, 그가 독일에서 사사한 스승들 중 대부분이 빌헬름 2세의 전쟁정책에 찬동하였다는 사실이다. 아돌프 하르낙은 황제가 1914년 8월 6일 발표한 다음과 같은 내용의 「독일 민족에게 고함」이라는 교지에 고문위원으로 참여하였다.[3] "우리는 최후의 한 사람이 숨을 거둘 때까지 스스로를 지킬 것이다. 우리는 원수들의 세계와의 대결에서 승리할 것이다. 역사상 하나가 된 독일은 한 번도 적에게 정복당한 적이 없다. 하나님과 함께 전진하자. 우리 조상들에게 그러하셨듯이, 그가 우리와 함께하실 것이다."[4] 이는 하나님을 직접적으로 민족주의적 태도와 결합시킨 입장이다.

둘째, "독일 사회민주주의의 변절"이다.[5] 제국의회에서 독일 사민주의는―1914년 8월에―전쟁을 지지하였다. 이제 사회주의를 "하나님 나라의 전조 현상"(Proleptische Erscheinung)[6]으로 해석하기는 불가능했다. 바르트는 신학의 주춧돌을 다시 세워야만 했다.

바르트 신학 발전의 시금석이 되는 그의 대표작은 1919년에 출판된 『로마서 주석』이다. 이 책은 20세기를 통틀어 가장 영향력 있는 작품 중 하나다(전면 개정된 제2판은 바르트에게 커다란 명성을 안겨주었다). 『로마서 주석』은 세속적인 영역에서 나온 책 중에서는 1922년에 출판된 제임스 조이스(James Joyce)의 『율리시즈』에 비견될 만하다. 철학 분야에서는 루트비히 비트겐슈타인(Ludwig Wittgenstein)의 『논리-철학 논고』(1921)와 하이데거(Martin Heidegger)의 『존재와 시간』(1927)에 견줄 수 있다. 『로마서 주석』과 어깨를 나란히 할 만한 신학 서적으로는 루돌프 오토(Rudolf

Otto)의 『거룩함』(1917), 로마노 구아르디니(Romano Guardini)의 『전례의 정신』(1918) 등을 꼽을 수 있다. 이 중 마지막 두 권은 좀 더 언급할 가치가 있다.

루돌프 오토의 『거룩함』은 20세기 신학사에서 핵심적인 작품으로, 저자는 여기에서 시민화·단순화된 종교이해에 도전하고 있다. 오토에 따르면 신은 "전적 타자"(das ganz Andere)[7]이자 "misterium tremendum ac fascinans",[8] 즉 전율케 하는 동시에 매혹시키는 신비다.

로마노 구아르디니의 『전례의 정신』은 가톨릭 진영에서 바르트의 『로마서 주석』에 비견될 법한 작품이다. 그 역시 그리스도교 신앙과 시민도덕을 혼동하는 기존의 인식에 반대하였다. 교회는 사회와 국가가 원활히 돌아가도록 보장하는 존재가 아니다. 그리스도교 신앙이 무엇 때문에 "필요"한지를 질문하는 태도 역시 적절치 않다. 교회에 출석하는 이유는 개인의 종교적 필요를 만족시키기 위해서가 아니다. 구아르디니에게 있어 전례란 "아무런 목적이 없다." 전례는 "특별한 작용을 구현하는 수단이 아니다." 전례는—적어도 특정한 수준에 있어서는—"그 자체가 목적이다. 전례는 외부의 목표를 향한 통로가 아니라, 그 자체로 완결된 삶의 세계이다." "엄밀히 말하자면 전례는 인간이 아닌 신을 위해서 존재하기에 그 자체가 목표일 뿐 다른 외부적 '목표'를 가질 수 없다."[9]

칼 바르트도 그와 같은 주장을 펼쳤다. 두 권의 『로마서 주석』

에는 (루돌프 오토의 "전적 타자"[*das* ganz Andere] 개념과는 구분되는) "하나님은 전적 타자이신 분"(*der* ganz Andere)이라는* 표현이 무수히 반복된다. 여기서 말하는 하나님은 인간의 편의를 위해 축소된 19세기의 신과는 구별되는, 영광을 받으며 거룩하게 존재하는 하나님이다. 하나님의 계시는 "수직적으로 위로부터" 이루어지며, 우리의 신앙은 "번개침"이자 "진공"이다.

> 하나님은 순수한 경계다. 그분은 우리가 존재하며, 소유하고, 행동하는 모든 것들의 순수한 시작이다. 하나님과 인간의 질적 차이는 무한하며, 하나님은 모든 인간적인 것들과의 대척점에 서 계신다. 그분은 우리가 신이라고 부르는 것과 우리가 신으로 인해 경험하고, 느끼고, 기도하는 그 모든 것들과도 다르다. 그분은 모든 인간적 불안에 대한 무제약적인 중지이자 모든 인간적 안식에 대한 무제약적 전진이다.[10]

바르트는 제2차 세계대전의 종전 이후에도 이와 동일한 주장을 한다. 하나님은 "종교적 사유가 신에 대해 보편적으로 제기하는 개념들과 이념들의 확장이나 확대로 이해되어서는 안 된다."[11] 이

---

* 〈역자주〉 "*der*" ganz Andere가 3인칭 남성 단수를 지칭하여 하나님의 인격성을 함의하는 반면, "*das*" ganz Andere는 3인칭 중성 단수로서 신을 마치 인격성이 제거된 사물처럼 간주하는 듯한 인상을 준다.

토록 결정적이며 심오한 논조는 20세기 신학의 지속적 발전에 크게 공헌했다.

바르트는 두 권의 『로마서 주석』에서도 자신의 정치적 태도를 밝히고 있다. 따라서 이 두 권의 책을 정치윤리적 관점에서 살펴보는 것은 매우 중요한 일이다. 『로마서 주석』에는 정치적 함의를 담은 신약성서 구절이 많이 등장하지는 않지만 그중 하나인 로마서 13:1-7에 대해서 언급하고 있는데, 이 구절은 루터가 번역한 성서에는 고전적 형태로 번역되어 있다.

> 모든 사람은 자신에게 힘을 행사하는 권세자에게 복종하십시오. 모든 권세는 하나님으로부터 세워진 것이며, 어떠한 권세도 하나님의 개입 없이는 올 수 없기 때문입니다. 이 권세에 대항하는 사람은 곧 하나님의 질서에 대항하는 것입니다.…왜냐하면 그 권세는 하나님의 시종이기 때문입니다.

이 본문은 루터교에서 매우 강조되었으나 실제로는 잘 지켜지지 않았던-루터 자신도 예외는 아니었다-구절이다. 수 세기 동안 독일의 모든 개신교 가정에서 암송되었던 루터의 소요리문답을 보면 그가 어떻게 (십계명의-역자주) 제4계명을 주석하고 있는지 알 수 있다.

질문: 당신이 부모님을 공경해야만 하는 이유는 무엇입니까?

대답: 우리는 하나님을 두려워하고 사랑해야 합니다. 따라서 우리는
우리 부모님과 주인들을 멸시해서도, 화나게 해서도 안 되며,
그들을 영예롭게 하고, 그들을 섬기며, 복종하고, 그들을 그렇
게 사랑하고 가치 있게 대해야 합니다.[12]

여기서 루터는—성서에서 말하는 바와는 달리—부모뿐만 아니
라 주인들에게도 복종하라고 가르친다. "섬김"과 "복종" 같은 단어
들은 루터가 추가한 것이다.

1944년 7월 20일로 예정되었던 히틀러 암살모의에 가담한 주
모자들 사이에 다음과 같은 논쟁이 있었다는 사실은 이미 널리 알
려져 있다. 그리스도인이 무기를 이용해 폭력을 행사함으로써 전
제주의 정부를 전복시키는 것이 가능한가? 반면, 20세기 전반기
에 영향력을 행사하던 루터교 신학자들은 로마서 13장과 루터의
소요리문답을 근거로 **혁명적인** 운동만이 아니라 **민주주의**라는 국
가형태에 대해서도 매우 조심스럽게 접근하였다(때로는 거부하기조
차 하였다).

중요한 루터 연구가인 파울 알트하우스(Paul Althaus, 1888-1966)
는(그는 국가사회주의 문제에 대해서는 물론이거니와 **신학적으로도** 전후
의 칼 바르트를 위협하는 상대였다) 1925년, 즉 바이마르 공화국 시기
에 민주주의를 말 그대로 "불운"이라고 평가하였다. 사회상황을

"서로 경쟁하는 신분과 권력들 간의 역동적 균형"에 맡겨서는 안 된다는 것이 그의 입장이었다. 이는 곧 다수가 결정해서는 **안 된다**는 의미였다. "이익과 폭력이라는 게임을 **뛰어넘어** 민족 전체를 책임지겠다는 의지가 필요하다." 알트하우스는 "윤리적인 측면에서 민족을 섬기는 영주의 봉사와 결정이 필연적"이라고 주장하였다.[13] 1928년에 출판된 『윤리학 개요』(*Grundriss der Ethik*)에서 알트하우스는 그리스도교적 관점에서 볼 때 우리는 정부가 "용기를 내어 권위와 권력을 점유할 수 있도록" 격려해야 한다고 말하였다. 그와 같은 책임은 "**다수의 의지로부터 자유롭고, 오직 하나님에게만 책임지며, 권세를 점할 수 있는 영도자 정부**"라는 형태를 배제하거나 부인하지 않으며, 오히려 "그 가능성을 인정해야" 한다.[14] 1930년대에 알트하우스는 바르트에게 매우 비판적이었다. 그는 바르트가 루터교로부터 영향을 받은 독일에는 어울리지 않는 "자유주의적 법치국가"[15]를 요구한다고 비판하였다.

알트하우스는 독일 제국의 몰락(1918)을 매우 애통해했다. 그는 바이마르 공화국에 대해서는 탐탁지 않게 여겼고, 1933년 아돌프 히틀러가 등장했을 때에는 그를 지지했다. 또한 1934년에는 안스바흐 권고안(Ansbacher Ratschlag)의 입안자이자 서명인이 되었다. 이 권고안은 일부 루터교 신학자들이 발의한 선언문으로, "영도자"(아돌프 히틀러를 의미함)를 선물하신 하나님에게 감사하면서 그를 "경건하고도 신실한 최고 주인"이라고 명명하였다. 하나님은 독일 민족에게 "국가사회주의라는 질서 속에서 '양육과 영예'를 갖춘 정부, 곧 '선한 정부'를 제공해주셨다."[16]

　"모든 사람은 권세자에게 복종하라"는 바울의 말과 바르트에게로 돌아가 보면 바르트가 이 구절을 다루는 방법을 통해 배울 점이 많다. 바르트는 이 구절을 수용하면서도 여기에 다른 색깔을 가미시킨다. **"권세자들에게 복종하라!"**는 것이 아니라—내 생각에는 그것 외에 다른 대안이 마땅치 않기 때문인 것으로 보이는데—**"권세자들의 힘에 복종하라!"**(바르트의 번역은 루터의 번역과 차이가 있다.) 바르트는 정치를 종교적으로 고양시키는 것에 대해 심각한 우려를 표했다. 다르게 표현하자면 정치의 이데올로기화를 반대하였다. 제1차 세계대전 중에 이미 경악할 만큼 종교적으로 고조된 형태의 정치를 경험한 바르트는 그와 같은 행태가 독일(뿐만 아니라 모든 종류의) 민족주의 안에서 이루어지는 것으로 보았다. 한편 바르트가 보기에는 혁명적 태도 역시 동일한 노선에 속했다. (바르트가 『로마서 주석』을 쓸 당시는 러시아 혁명이 발발한 때였다.) 바르트는 정치적 판단을 신학적으로 표현함으로써 토론에 붙이려는 시도에 매우 예민하게 반응하였다. 당시 바르트는 이런 생각을 토대로 레온하르트 라가츠를 "세계심판자의 대리인", "예언자 망토를 입은 자"라고 공격하곤 하였다.[17] 그러나 오늘날의 라가츠 연구에 비추어보면 "라가츠가 하나님 나라를 하나의 내재적 사태로 이해하여 사회주의와 동일시하였다는 일반적인 비판"은 부당하므로

반드시 철회되어야 한다.[18]

우선 『로마서 주석』 2판에 나타나는 특징적인 표현들을 검토해 보자. 그리스도인은 "최종적인 것"(das Letzte), 즉 "잠정적인 것"(das Vorletzte)과 정치적인 것 너머에 있는 것에 대하여 알고 있고, 바로 그렇기 때문에 그리스도인은 "사태적합적"(sachlich)일 수 있다. 그리스도인은 "모든 열정, 모든 과감함, 단호함을" 상실한 사람들이다. 그리스도인이란 "다른 신들과의 투쟁 가운데서 분노하는 신이 더 이상 아니다. 그는 사태적합적(자신에게 주어진 사태에 대응하기 적합한 방향—편집자주)으로 변화된다." 그리스도인은 "존속하는 것에 대항하는 (혹은 그것을 위한) 프로메테우스적 투쟁에 필연적으로 동반되는 고통으로부터 해방되었다." 바르트는 정치적 보수주의만이 아니라 정치적 혁명주의에도 반대하였다. 또한 **이데올로기화된** 종교사회주의에 대해서도 마찬가지였다(레온하르트 라가츠 조차도 이러한 비판을 피해갈 수는 없었다). 이 모든 것들에 대하여 바르트는 이들이 자신들의 정치적 입장을 절대화하고 있으며, 자기의 입각점을 하나님의 관점과 동일시하고 혼동한다고 비판하였다. 바르트는 "이 모든 낭만주의적 관점으로부터 사태적합성으로의 전환"(Umkehr von aller Romantik zur Sachlichkeit)[19]에 관심을 가지고 있었다. "사태적합적" 및 "사태적합성"과 같은 용어들은 바르트의 정치윤리를 대표하는 용어다.

『로마서 주석』 1판에서 바르트는 "오늘날의 국가권력은…그

자체로 악"하며 "하나님의 뜻과 완전히 대립한다"고 쓰고 있다.[20]
"모든 정치"는 "다수를 점하기 위한 권력을 향한 투쟁"이며, "악
마적 방법에 불과하고", "근본적으로 추악하다."[21] 이때 바르트
는 야콥 부르크하르트(Jakob Burckhardt)의 『세계사적 고찰들』
(*Weltgeschichtliche Betrachtungen*)에 여러 차례 등장하는 "권력은
그 자체로 악하다"는 문장을 인용하고 있다.[22] 바르트는 이러한 관
점으로부터 그리스도인은 "폭력국가와는 전혀 무관하며",[23] "진심
과 진정한 열정에 사로잡힌 채 국가나 정당의 하인, 시민, 소속인
이 될 수 없다"[24]고 결론짓는다. 국가는 "종교적으로 아사시켜야
한다"[25]는 것이 바르트의 입장이다. 그의 이 같은 견해가 특히 선
명하게 드러나는 부분을 함께 살펴보도록 하자(여기서 바르트는 사
도 바울의 말을 빌려 자신의 견해를 표명하고 있다).

그리스도인인 여러분이 왕조, 자본주의, 군국주의, 애국주의, 자유사
상 등과는 무관한 것이…당연합니다. 물론 여러분들에게는 그리스도
안에서 도래할 혁명을 임의대로 끌어당기거나 늦출 가능성도 열려
있습니다. 나는 바로 그것을 여러분들에게 경고합니다! 하나님이 새
롭게 하시는 일과 인간적 진보가 뒤섞여서는 안 됩니다. 신적인 것이
정치화되어서는 안 되며, 인간적인 것이 신학화되어서도 안 됩니다.
심지어 민주주의와 사회민주주의를 위해서도 그래서는 안 됩니다.[26]

여기서 바르트는 정치적 좌파를 지지하는 그리스도교의 대표자들과 특히 거리를 두고 있다. 바르트에 따르면 정치적 우파는 그리스도인들이 거론할 만한 대상조차 못 된다. 예수의 발자취를 따르고자 하는 사람은 종종 사회혁명 운동에 깊이 매료되곤 한다. 이는 사회혁명 운동이 보다 큰 사회정의를 추구하기 때문이다. **바로 그렇기 때문에**—이것이 바르트의 바울 해석인데—그리스도인은 "권세자들의 힘에 개별적으로 복종해야"[27] 한다. 스스로를 국가에 반대하는 혁명분자로 간주하는 사람은 그 과정에서 부지불식간에 국가를 긍정하고, 국가를 종교적으로 아사시키는 대신 오히려 국가를 지나치게 진지하게 받아들임으로써 국가에 과도한 의미를 부여하게 된다. 바르트는 **이데올로기로부터 자유로운 정치**를 추구했다. 우리는 "시민의 의무와 정당의 의무를" 실현하면서도 "거리를 두고, 결코 환상에 빠지지 말아야" 한다.[28]

지금까지 언급한 내용을 토대로 바르트가 정치적인 사안을 멀리해야 한다고 주장했다는 결론에 도달한다면 이는 그에 대해 크게 오해하고 있는 것이다. 특히 1920년대에 독일에서 바르트는 이런 식으로 오인되곤 했는데, 이는 그가 스위스에서 "자펜빌의 붉은 목사"로 불렸다는 사실이 새로운 작업환경에서는 제대로 알려지지 않았기 때문이었다. 이에 반해 바르트는 그리스도교 공동체에 속한 이들에게는 자신들이 살아가고 있는 국가와의 공동 작업을 거부할 이유가 전혀 없다는 사실을 언제나 명확히 알고 있었다. 바르트가 (루터와는 다르게) 옮긴 바울의 저 문장은 바로 이러한 정치적 공동작업 혹은 협력이라는 의미에서 이해되어야 한다. "각자는 개별적으로 권세를 가진 이들의 힘에 복종하십시오."[29] 그리스도인에게는 "국가의 삶에 참여해야 할 의무, 곧 올바르게 이해되고 명확히 제한된 **의무**"가 있다. 이보다 바르트 자신의 입장을 명확히 표현할 수 있는 방법은 없을 것이다. 하지만 바르트는 여기에 인간은 국가에 대해서는 "신적인 것에 쏟는 열정, 진심, 중요도를 배제해야" 한다는 설명을 덧붙인다. 그리스도교 공동체에 속한 사람들의 영혼은 "국가의 이상을 낮설게 여기는 상태에 머물러" 있어야 한다.[30]

무솔리니와 히틀러 치하에서—또한 공산주의 국가들에서—벌어졌던 열광적인 대중행진을 떠올리면 위의 표현들을 이해하는 데 도움이 될 것이다. 당시에는 시민들에게 국가를 위해 "영혼"을 바칠 것을 요구하곤 했다. 이에 반해 바르트는 이런 사고방식을 거부하면서, "국가의 삶에 참여해야 할 의무"는 그리스도교적으로 "올바르게 이해되고 명확히 제한"되어야 한다고 말하고 있는 것이다.

여러분은 (국가에) 도덕적으로 협력할 것을 거부해서는 안 됩니다. 보다 나은 것이 필요한 상황에서 우리에게는 국가라는 삶의 질서에 참여해야 할 "윤리적" 의무가 있습니다.…옛 사람, 옛 인류가 여전히 살아 있는 한 여러분들은 법률의 영향권 아래에 있는 윤리적인 존재입

니다. 그러므로 여러분은 정치적 인간이어야만 합니다.[31]

정치적 정당 활동은 그 자체로 "무엇에든지 참되며 무엇에든지 경건하며 무엇에든지 옳으며 무엇에든지 정결하며 무엇에든지 사랑받을 만하며 무엇에든지 칭찬받을 만한"(빌 4:8) 것은 아니다. 마찬가지로 화염방사기, 지뢰탐지견, 가스 마스크, 폭격기와 잠수함 역시 하늘나라의 도구는 아니다. 하지만 우리는 결코 국가와의 관계를 긍정적으로 수용하지 않기에 국가와 그 내부의 문제가 크게 보일 수밖에 없다. 바로 그 점 때문에 우리는 우리를 향한 국가의 요구를 진지하게 수용하기만 하는 것이 아니라 그것을 뛰어넘어 국가와의 투쟁 속으로 빠져들고야 만다. 근본적으로 우리는 국가에 대항하면서도 세금을 납부하고, 가이사의 것은 가이사에게 주며, 정당에 가입하고, 아직 파괴되지 않은 정치적·교회정치적 영역 안에서 우리에게 부과된 의무를 수행한다. 우리는 국가의 기능에 관한 판단을 유보하는 가운데 국가의 요구와 권한은 인정한다.[32]

여전히 우리는…정치적 의무들을 가진다.…의심도 불평도 없이 그렇게 고백할 수 있다.…하나님과 인간과 세상 사이에 놓여 있는 보편적인 상황을 토대로 그들이 우리에게 요구하는 모든 것들을 제공한다…찬양도, 그 어떤 허상도 없이 의무를 수행하지만 하나님의 이름을 빌어 국가와 타협하지는 않는다! 주화는 지불하지만, 가이사에게

절하지는 않는다! 시민으로서의 역할을 수행하고 국가에 순종하지만, 왕좌와 제단의 결합, 그리스도교적 애국주의, 민주주의적 십자군 충동은 거부한다. 필요하다면 파업과 총파업, 가두투쟁을 수행하지만 그것을 종교적으로 정당화하거나 절대시하지 않는다! 필요하다면 사병 혹은 장교로서 군복무를 수행하지만, 그 어떤 경우에도 전쟁 목적으로서는 아니다![33]

마지막 표현과 관련하여 제1차 세계대전 당시 독일과 프랑스의 군목들이 전쟁을 정당화하기 위하여 했던 설교들이 얼마나 경악할 만한 것이었는지를 되새겨볼 필요가 있다.[34]
『로마서 주석』은 다음과 같이 진술하고 있다.

우리는 사회민주주의적이어야 한다. 그러나 종교사회주의적이어서는 안 된다! 복음을 배신하는 것은 정치적 의무가 될 수 없다.…그 모든 것들에 대한 잠정적 동의는 "지배자들"과 그들의 일에 대한 존중심 때문이 아니라, 하나님에 대한 경외심 때문이다. 우리는 다만 그분의 뜻을 따를 뿐 교만하게 그분보다 먼저 무언가를 이루고자 하지 않는다.[35]

여기서 바르트는 정치에 대한 폭넓은 이해를 펼치고 있다. 그것은 **비이데올로기적이고, 철저히 사태 그 자체에 뿌리박은 정치**

다.『로마서 주석』제2판에서도 바르트는 그리스도교 교회의 교인들의 정치 참여가 가능하다고 말한다. 단 "정치적 일들이 본래 지니고 있는 게임으로서의 성격이 드러날 때에 한해 그렇다.…특정 주장이나 그에 대한 반대를 절대화하지 않고 인간적 가능성들을 철저히 상대화할 때에야 비로소 **가능해진다.**" 이 경우에는 "혁명적 긴장" 대신 "'의'와 '불의'에 대한 평온한 반성"이 자리 잡게 된다. 반성이 평온한 것은 "**최종적** 요구들과 비방들이 제기되지 않고, 선과 악의 전쟁이라는 교만을 뒤로한 '현실'에 대해 차분히 숙고할 수 있기 때문이다."[36] 바르트의 정치윤리는 이 점을 지향하고 있다.

그는 상이한 정당들 사이의 사태적합적이고도 공정한 대결을 가능케 하는 정치를 다루고 있다. 바르트는 완벽한 해결책이란 결코 존재할 수 없으며, 최선의 경우라 해도 기껏해야 차선책에 그칠 뿐이라는 점을 분명히 인식하고 있다. **정치란 "인간적 가능성들", 즉 인간에게 있어 가능한 것들을 다루는 기술이다.** 이 기술은 불완전한 타협방안에 관한 것이지 결코 자신의 입장을 관철하는 수단에 관한 것이 아니다. 이러한 신학적 전제에서 출발할 경우, 서론에서 언급했듯이 바르트가 민주주의 국가를 지지했음에도 불구하고 그 같은 국가형태를 이상화하지 않은 이유가 드러난다. 바르트는 처음부터 1920년대 후반과 1930년대의 국가사회주의 및 전제주의적 경향과 조금도 타협하지 않았다. 국가를 "종교적으로 아사시키고자" 했던 그는 결코 전체주의적 이데올로기에 매료될 수 없었다. 아돌프 히틀러가 권력을 잡았을 때, 칼 바르트와 같은 신학자는 그와 **대립할 수밖에** 없었다.

편안한 침묵보다는
불편한 외침을

제6장
독일의 국가사회주의

히틀러가 1933년 1월 30일 제국의 수상으로 취임하던 당시 바르트는 이러한 변화가 끼칠 엄청난 영향을 아직 제대로 인식하지 못했다. 히틀러가 권력을 장악한 지 갓 이틀째인 2월 1일 모친에게 보내는 편지에서 바르트는 자기 가족이 독감에 걸렸다는 사실만 언급했다. 바르트는 "이 일이 어떤 방향으로든 그다지 새로운 것들을 초래"하지 못할 것이라고 믿었다. 독일은 "내외부적으로 가볍게 움직이기에는 너무 덩치가 크고, 그 같은 움직임이 큰 변화를 초래하지는 않을 것"이라고 보았기 때문이다. 바르트는 새로운 권력자의 개인적 역량이 부족할 것이라고 여겼다. 또한 독일 민족 안에는 "무솔리니 정부나 반혁명 같은 것을 초래할 만한 만용"을 찾아보기 어렵다고 보았다.[1]

　당시 칼 바르트는 제3제국이 얼마나 빠른 속도로 공포의 대상이 될 것인지 상상조차 하지 못했다. 제3제국이 들어선 지 불과 몇 주 만에 주요 기본권들이 무력화되었다. 하지만 이 편지를 토대로 바르트가 히틀러에 대해 일말의 공감을 가지고 있었다고 이해해서는 안 된다. 그는 다만 히틀러가 초래할 위협을 과소평가하고 있었을 뿐이다. 반면 그는 히틀러의 인성과 국가사회주의의 추악한 이데올로기에 대해서는 처음부터 간파하고 있었다. 이미 1925년ー히틀러가 권력을 장악하기 오래전부터ー바르트는 "파쇼적·민족주의적 국가사회주의"와 "반유대주의"를 거부하였다.[2] 1928년에는 반유대주의에 대항하기 위해서라면 "누구와도, 심지어는 악마의 할머니와도 연대할"[3] 것이라고까지 말했다. 히틀러가 노골적인 반유대주의를 앞세웠기 때문에 바르트는 국가사회주의에 전혀 공감할 수 없었다. 1928년의 윤리학 강의에서 이미 바르트는 "다른 민족 혹은 다른 민족들을 향한 거부로 단결한 민족성"만큼 근대국가(민주주의 국가를 의미)를 심각하게 "위협하는 것은 없다"고 밝히고 있다.[4] 바르트는 유럽 한복판에서 다른 민족을 억압하는 "지배자 민족"(Herrenvolk)이 등장하는 것은 있을 수 없는 일이라고 여겼다.

바르트가 히틀러 통치 초기에 몇 달 동안 정치적 외부 활동을 자제했던 것은 그가 스위스인이라는 사실과 관련이 있다. 그럼에도 바르트는 1933년 여름 히틀러에게 개인적으로 자신이 편집한 「오늘날의 신학적 실존」(Theologische Existenz heute)을 발송하였다. 민족주의에 열광하는 수십만 군중이 깃발과 횃불을 들고 도시의 거리들을 행진하던 때에 "베네딕트 수도회 마리아 라흐(Maria Laach)의 찬양곡이 제3제국에서도 중단과 왜곡 없이 정기적으로 지속적으로 울리도록 하자"[5]는 것은 분명 히틀러의—만일 그가 이 잡지를 읽었더라면—심기를 건드렸을 것이다. 「오늘날의 신학적 실존」은 1934년 7월(그로부터 일 년 후) 경찰에 의해 압류되었다.

바르트가 사적으로 보낸 편지를 살펴보면 "정치적 입장과는 무관하게 오늘날(1933년 4월 29일의 편지이다) 표면화되고 있는 인간성의 상실, 엄청난 야만성과 유치함을 매일같이 확인하게 되는 현실"에 바르트가 받은 충격을 짐작할 수 있다. 바르트는 "지금(1933년 4월 21일의 편지) 독일의 유대인들이 겪고 있는 비참함뿐만 아니라 고립당한 공산주의자들과 억압당하는 사회민주주의자들"의 고통도 함께 목도하였다.[6]

우리는 앞에서 바르트가 1915년에 정식으로—비록 어느 정도 마음의 거리를 두고 있기는 했지만—스위스 사회민주당에 가입하였다고 언급한 바 있다. 1931년 5월 1일 바르트는 독일에서도 역시 분명한 의식을 가지고 극단적 좌파뿐만 아니라 극렬 우파 양측으로부터 공격을 받고 있던 사회민주주의 진영에 투신했다. "그는 이를 '사회주의의 이념과 세계관에 대한 동의'로서가 아닌 '정치적 결단의 실천'으로 이해했다. 또한 바르트는 사회민주당에서 '건강한 정치를 향한 요구'가 제일 잘 구현되리라고 보았다."[7]

1933년 봄(히틀러의 권력 장악 직후) 문화부장관은 바르트에게 대학교수로 계속 일하고 싶거든 사회민주당을 탈당할 것을 요구하였다. 바르트는 답신에서 "교육활동을 지속하기 위한 조건으로… 사민당을 탈당하라는 요구"는 결코 수용할 수 없다고 대답하였다. 자신의 소속정당의 "공개적 명시"를 "포기"하는 것은 "교회를 위해서나", "독일 민족을 위해서나" 좋은 일이 아니다.[8]

바르트는 이제 공개적인 투쟁에 나섰다. 신학자 신분이었기에 우선은 교회에서 활동했다. 수많은 신학교수들과 목사들이 새로운 정부를 거부하지 않거나 심지어 환영하기까지 했기 때문에 교회 안에서 그가 할 수 있는 역할이 많았다. 1933년 12월 바르트는 "국가사회주의적 정치질서와 사회질서"를 거부하며 "국가사회주의로 도피하려는 신학"[9]에 대해 더 큰 반대 의사를 밝혔다. 그러나 이를 토대로 바르트에게 정치적 도피주의의 혐의를 씌우는 것은 옳지 않다. 바르트는 독일의 정치 사안에 개입하는 것은 스위스인인 자신의 과제가 아니라고 여겼으며, 현실적으로 그가 자신의 정치적 입장을 **직접적으로** 관철시킴으로써 변화를 불러일으킬 수 있는 가능성도 없었다. 그의 과제는 **교회와 신학의** 영역에 있었고, 바르트는 이 점을 분명히 인식하고 있었다.

당시 독일 개신교 내부에 여러 그룹들이 생성되었는데 다행히도 그중 일부—유감스럽게도 소수의—**신학자들은 처음부터 국가사회주의를 분명하고도 공개적으로 거부했다.** 여기서는 신학자이자 종교철학자인 파울 틸리히만을 거론하려 하는데, 그는 바르트와 같은 사회민주당 소속이었다. 틸리히의 강직한 성품을 보여주는 일화가 하나 있다. 1930년대에 틸리히는 휴가지에서 한 식당에 들어갔다가 미리 와 있던 손님들이 그에게 "교수 양반, 이 세상에 도대체 그리스도인이 왜 아직도 존재하는지 말해주겠소?"라고 묻자 호텔 전체에 들릴 만큼 큰 소리로 다음과 같이 답했다. "아니요, 단 한 명의 그리스도인도 없습니다. 오늘날 세상에 있는 그리스도인은 유대인들뿐이오!"[10] 반유대주의가 힘을 얻어가던 당시에 이런 식의 반응은 대단히 위험한 것이었다. 결국 틸리히는 1933년 봄에 프랑크푸르트 대학교 교수직을 박탈당하고 미국으로 이주해야만 했다. 당시 한 해 동안 독일에서는 "313명의 정규직 교수들과 300명의 비정규직 교수들, 그리고 322명의 강사들이─총 1684명의 학자들이─정치적·인종적 이유로 대학에서 해고되었다."[11] 바르트와 친분관계에 있던 신약학자이자 사회민주당 당원 칼 루트비히 슈미트(Karl Ludwig Schmidt) 역시 1933년에 본 대학에서 쫓겨나 스위스로 이주해야만 했다.

위의 그룹과 반대 진영에 서 있던 이들이 소위 "독일 그리스도인"(Deutsche Christen)이다. 이들은 국가사회주의가 복음과 조화를 이룬다고 주장하며 국가사회주의에 동조했던 자들이다. 오늘날 이 진영에 대한 평가에 대해서는 자세히 다룰 필요 없이 한 가지 예를 드는 것만으로 충분할 것이다. 1933년 8월 30일 잘펠트에

서 열렸던 "독일 그리스도인" 선언문에서 튀링엔 지역 교회 총회
는 "그리스도는 아돌프 히틀러를 통해서 우리에게 오셨다"라고 외
쳤다.[12]

칼 바르트와 관련해서는 위의 두 그룹보다 **다수의 중도파**에 더
욱 주목해야 한다. 많은 신학자들과 남성 교역자들은(당시에는 목
사직이 아직 여성에게 개방되지 않았기에[13] 교역자의 대부분이 남성이었고
여성은 극히 드물었다) 국가사회주의자가 아니었다. 이들이 보기에
국가사회주의 안에서 지나치게 폭력적이고 야만적인 **현상들이 일
부** 일어나고 있었다. 이들은 특히 교회에 대한 국가의 개입을 거
부했다.

이와 관련해 마르틴 니묄러(Martin Niemöller)가 설립한 "목사긴
급연맹"(Pfarrennotbund)은 반드시 언급할 필요가 있다. 이 연맹에
가입하기 위해서는 다음과 같은 의무확인서에 서명해야만 했다.

나는 말씀의 봉사자로서의 직무를 오직 성서에 대한 올바른 해설인
종교개혁의 신앙고백의 틀 안에서만 수행하기로 선서합니다. 나는
신앙고백이 훼손될 시 모든 수단을 다하여 저항할 의무가 있음을 고
백합니다. 나는 이 신앙고백으로 인해 핍박받게 될 사람들을 온 힘을
다해 도울 책임이 있음을 알고 있습니다. 이 모든 의무들을 인정하는
가운데 나는 아리아계 인종주의 정책이 교회에 적용됨으로써 신앙고
백이 훼손되었다고 증언합니다.[14]

편안한 침묵보다는
불편한 외침을

서명자들은 목사직을 박탈당하게 될 (그리고 끝내 그렇게 되고야 말았던) 유대계 목사들을 위한 투쟁에 나선 것이었다. 최초의 22인이 서명한 지 두 주 만에(1933년 9월 말과 10월 초) 2,000여 명의 목사들이 그 뒤를 따랐다. 1934년 1월까지 목사긴급연맹은 7,000여 명 이상의 회원을 가진 조직으로 성장하였다. 이들은 독일에서 현직에 종사하던 개신교 전체 목사의 37%에 해당한다.

하지만 목사긴급연맹은 국가사회주의의 **긍정적 측면 역시** 발견하고자 했다. 제1차 세계대전과 세계적 경제위기를 통해 약화되었던 독일의 민족의식이 고취된 것을 국가사회주의의 공적으로 보았던 것이다. 또한 많은 이들로 하여금 국가적 이익을 위해 자기들의 개인적 욕심을 포기하게 한 것 역시 긍정적으로 평가하였다. 앞서 인용한 의무확인서의 서명자이자 후일 철저한 바르트 "정통주의자"가 되었던 신학자 하인리히 포겔(Heinrich Vogel)은 1933년 가을에 "창조자는 세계를 '현재의 인종과 민족이 있는 그대로 유지되는 질서 안에서' 보존한다"고 진술하였다. "하나님께서 민족이라는 테두리 안에서 우리에게 생명을 주고 그 생명을 보존하고 있기 때문에 우리는 우리 민족에게 생명을 빚지고 있다."[15] 당시의 포겔에게 "인종과 민족"은 "창조질서"라는 이유로 결코 침해될 수 없는 존재였다. 독일인이라면-현 정부의 정치적 목표가 무엇이건 간에 관계없이-독일을 위해 기꺼이 피를 흘릴 준비가 되어 있어야 한다.

아돌프 히틀러는 국제연맹(Völkerbund)으로부터 독일제국의 탈퇴를 선언한 지 불과 며칠 만(1933년 11월 12일)에 재개된 투표에서 이를 토대로 기념비적인 승리를 얻었다. 그러자 목사긴급연맹의 지도위원회는 히틀러에게 다음과 같은 내용의 전보를 보낸다.

> 민족과 조국에게 있어 중차대한 이 시기에 우리는 우리의 영도자를 환영하는 바입니다. 우리는 독일에게 영광을 돌리는 영도자의 대장부다운 행동과 단호한 표현에 감사드립니다. 독일 그리스도인의 신앙운동에 속하지 않는 2,500명 이상의 개신교 목사들의 이름으로 우리는 진실한 충성과 중보기도로 이를 기념할 것을 서약하는 바입니다.[16]

이 전보에 서명한 이들 중에는 후일 강제수용소에 7년 동안이나 감금되었던 마르틴 니묄러도 포함되어 있었다. 니묄러는 1933년과 1934년에 행한 설교에서 주님이신 하나님이 오늘 "우리 독일 민족과 더불어 새로운 길을" 가신다는 표현을 썼다. "이제 우리 앞에 놓여 있고, 우리가 멸망하기 전까지는 결코 포기할 수 없는 저 의무들로 되돌아"가야 한다. 인종과 민족은 "우리에게 다시금 주어진 것"으로서 오늘날에도 유효하다. 또한 우리는 "우리를 향한 요구들"로부터 "벗어날 수 없다."

그렇다. "온 땅이여, 하나님을 찬양하라!"—왜냐하면 "모든 땅들 가운데 우리를 보고 민족들이 깨어날 것이기 때문이다." 그들은 "우리가 아직 젊은 민족이라는 것을 증언할 것이다"…하나님을 찬양하라. "우리는", 그리스도인들은, "우리 민족을 우리의 어머니와 같은 존재로서 사랑하였고" 또한 "민족과 그리스도교의 운명적 결합을 긍정하고 보호하는 정부"를 가지고 있다. 그것은 민족의 "외적 부흥과 내적 건강"을 위해 "필수적인 전제"다.[17]

이토록 괴상하고도 황당무계한 성명서를 이해하기 위해서는 제3제국이 "수립 당시부터 줄곧 하나의 공포정치 시스템"(terroristisches System)[18]으로 작동했다는 점에 주목해야 한다. 국가사회주의의 권력쟁취와 관련하여 독일에서 이루어진 연구에 따르면, "1933년 가을까지 500-600여 명이 사망하였고 10만여 명이 단기 혹은 장기적으로 구속되었다." 1933년 3월과 4월 프로이센에서만 경찰에 의해 "최소 25,000"여 명에 달하는 사람들이 구금되었는데 이는 히틀러 돌격대(SA)가 구금한 사람들을 제외한 수치다. 국가사회주의 정부의 대변인들은 1933년 3월에 이미 강제수용소의 건립을 선언하였다. "신문과 만평들조차도" 다하우(Dachau)에 관하여 특히 집중적으로 "보도하였다."[19]

정부를 지지하는 목사긴급연맹과 마르틴 니묄러의 말을 인용한 것은 안정된 상황에 놓여 있는 현 세대의 입장에서 이들을 비판하려는 의도는 아니다. 그렇지만 이들의 맹목성이 놀라운 것만은 사실이다. 이들은 소수인 "비아리아계" 혈통의 목사들을 보호하고자 했으나 칼 바르트 한 사람을 제외하고는 교회 내부적 수단만으로는 국가사회주의에 효과적으로 저항할 수 없다는 사실을 아무도 깨닫지 못했다.

바르트의 오랜 친구이자 동료였던 게오르크 메르츠(Georg Merz)는 1933년 가을에 국가사회주의 국가가 "민족적·정치적 측면을 심사숙고한 끝에" 유대인들이 "자연스럽게 생성된 민족 안으로 편입되지 못하도록 하는" 것은 전적으로 타당하다고 주장하였다. 바르트는 메르츠의 주장을 수용할 수 없어 괴로워했다. (메르츠는 1919년의 『로마서 주석』이 독일에 유입되어 판매되도록 했던 최초의 인물이었고, 1922년의 제2판이 독일에서 출판될 수 있도록 편집한 사람이었다.) 루터교 신자였던 메르츠는 이 법률을 통해 "계몽주의적 자유주의의 끔찍스러운 작용에 반하여" 국가가 보위될 수 있으리라 믿었다. "반면, 그들은 유대인일지라도 '세례를 통하여' 신자로서 보편적 사제주의 안으로 포섭되었으니 교회는 유대인 그리스도인들을 교회의 직무에서 배제하지 않아도 될 것이다. 비록 유대인들에게는 '민족 앞에서 교회를 인도하기는 힘드니' 교회에서 조심스럽게 행동해야 한다는 제약이 따르지만 말이다."[20] 바르트는 이러한 타협을 용납할 수 없었다. 교회 **안에서는** 아리아계 인종주의 정책을 반대하고, **바깥에서는** 이를 용인한다는 것은 앞뒤가 맞지 않는다. 세례를 받은 하나님의 자녀라 해도 "비아리아계 혈통의" 목사들은

"민족적·선교적" 이유로 교회 **안에서** 침묵하고 행동을 조심해야 한다니?

1933년 9월 1일의 편지에서 바르트는 유대인 문제에 관해서는 "국가사회주의와 노선을 함께할 수 없다"고 쓴다. 언제 어디에서든 "우리는 멈추라고 저지당하고, 복음을 '배신'하지 않고서는…앞으로 나아갈 수 없다는 한계를 명심해야 한다."[21]

1933년 종교개혁 전야인 10월 30일에 베를린에서 행한 "결단으로서의 개혁" 강연에서 바르트는 매우 분명하게 말한다. 우리는 "신앙을 가지고도 자신이 믿는 바와 전혀 동떨어진 일들을 행할 수" 있다. 하지만 우리는 "믿음을 가지고도 신앙이 없는 사람처럼 마음대로 살 수는 없다."[22] "결단과 비결단을 중재할 수 있는 길은 없다."[23] 바르트의 표현에는 목사긴급연맹의 애매모호한 태도, 즉 교회 안에서는 아리아계 인종주의 정책을 **반대**하고, 국가의 영역에서는 아리아계 인종주의 정책을 **지지하는** 것을 거부하겠다는 의사가 담겨 있다.

며칠 후 개최된 목사긴급연맹 소속 목사들과의 대화에서 바르트는 이렇게 말하였다(아래에 인용된 내용은 바르트를 독일에서 추방하기 전 행한 재판에서 가장 심하게 비판받은 내용이다).

이번 여름 독일에서 일어나고 있는 일은 대체 무엇인가? 이런 식의 권력쟁취는 과연 정당한가? 다른 모든 정당을 해산시키는 일은 또 어떤가? 강제수용소에서는 어떤 일이 일어나고 있나? 유대인들에게는 무슨 일이 벌어지고 있나? 독일은, 그리고 독일교회는 사방에서 자행되고 있는 살인에 대한 책임을 질 수 있나? 침묵하고 있는 교회에 책임이 있는 것은 아닌가? 나는 다만 질문할 뿐이다. 하나님의 말씀을 선포하는 사람들은 이런 일들에 대해 하나님이 어떻게 말씀하시는지 이야기해야만 한다.[24]

질문의 형태로 이루어져 있지만, 바르트는 여기서 국가사회주의의 억압과 범죄목록을—가감 없이—조목조목 나열하고 있다. 바르트는 특히 "유대인 문제"에—비단 유대계 그리스도인 문제뿐 아니라 모든 유대인 문제에—대해 경종을 울리고 있다. 1934년 1월 18일의 편지에서 바르트는 "유대인 문제에 대해 최근 독일에서 시도되고 있는 해결책"이 인간적이고 정치적으로 그리고 기독교적으로 두말할 나위 없이 "있어서는 안 될 일"이라고 썼다. "예언자는 아니지만", 지금 바르트는 "이런 일들에 대해 직·간접적으로 책임이 있는 이들이…언젠가는 지금 고통당하는 이들보다 더 고통스러운 방식으로 보복당할지 모른다며 두려움에 떨고 있다."[25] "오늘의 개신교회는 지금 아리안인 문제와 관련된 모든 것에 분명하게 '아니오'를 말해야 한다. 그리고 마찬가지로 이 문제로 시험에 든 모든 이에게 확실한 위로와 희망의 말씀을 가지고 다가가야 한다."[26]

1934년 2월 23일에 바르트가 어느 랍비에게 쓴 편지에는 "그리스도인으로서 한없는 부끄러움과 절망을 느끼는 중에 걱정에 빠져있다"고 쓰여 있다.[27] 앞으로 유대인들이 독일에서 어떤 경악스러운 일들을 겪게 될지 심히 우려된다는 것이다. 따라서 회당과 교회는 하나님의 음성을 완전히 새롭게 들어야만 한다. 다음은 "설교를 들으러 온 청중 중 자신이 유대계라는 사실 때문에 불안해하는 여성에게" 보낸 바르트의 편지 중 일부다.

유대인이었던 예수 그리스도를 믿는 우리는…오늘날 일상이 되어버린 유대인에 대한 경멸과 학대에 동참해서는 안 됩니다. 유대인에 대한 이런 태도가 이교도에 대해서도 일어나리라는 것은 절대 우연이 아닙니다. 인간이라면 결단코 의식적으로나 부지불식간으로나, 혹은 다른 인간, 특히 권력자들에 대한 두려움으로 인해, 또는 손익에 대한 계산 때문에 이런 일에 동조해서는 안 됩니다. 다시 한 번 말합니다. 인간은 이런 일을 행해서는 안 됩니다.[28]

그가 이처럼 비타협적 태도를 취한 덕분에 더 이상 독일에서 신학교수로 일할 수 없었던 것도 당연하다. 이와 관련하여 그 사이에 발생한 일들을 구체적으로 거론할 필요는 없을 것이다.[29] 목사긴급연맹으로부터 "1934년 이후 제국과 각 주(州), 그리고 개별 교회들의 영역에서 지도기관에 반대하여 신앙고백에 적합한 형태"의 고백교회(Bekennende Kirche)가 독립적으로 형성되었다. 국가로부터 독립된 가톨릭교회를 제외하면, 고백교회는 "국가사회주의에서 벗어난 가장 크고도 유일한 조직으로서, 부분적으로는 국가 전체에 저항하는 역할을 하기도 하였다."[30] 반면 고백교회에 속한 바르트의 "친구들"조차 그를 불편해했고, 그가 타협을 모른다고 여겼던 것이 사실이다.

바르트가 1934년 5월 고백교회의 위탁을 받아 "바르멘 신학선언"의 초안을 작성했다는 사실을 감안할 때, 고백교회가 이처럼 바르트로부터 거리를 두었다는 사실은 놀라운 일이다. 훗날 유명해진 다음의 문구는 당시 사람들이 "올바른 것"과 "그릇된 것"을 구분하는 데 큰 도움을 주었다.

우리는 하나님의 말씀[예수 그리스도]을 선포하는 진원지인 교회가 그 말씀 외에 다른 사건들이나 권세들, 또는 위인들이나 진리들을 하나님의 계시로서 인정할 수 있다거나 또는 그래야만 한다는 거짓된 가르침을 단죄한다.

우리는 삶의 특정 영역에는 예수 그리스도 외에 다른 주님이 더 적합하다는 거짓된 가르침을 단죄한다.[31]

선언문의 내용들은 1926년에 작성됐던 문장들을 재해석한 것이다. "하나님이 창조하지 않았거나 말씀하실 필요가 없는 곳이 존재한다고 말할 수 있는 영역은 없다."[32] "신학선언문"에서는 다음과 같은 문장이 이어진다.

우리는 교회의 선포와 교회의 질서가 각 시기를 주도하는 세계관, 당시에 선호되는 정치 신념에 따라 변화해도 무방하다는 거짓된 가르침을 단죄한다.

우리는 국가가 그에게 위임된 영역을 넘어 인간 삶의 유일하고도 총체적인 질서가 되어야 하고, 그럴 수 있다고 말하는 거짓된 가르침을 단죄한다.

바르트는 이러한 선언들을 통해 개신교 교회에 강요된 "제국주교"(Reichsbischof) 제도와 전체주의에 특히 강하게 저항하였다. 바르멘 신학선언은 국가가 "인간적 입장과 인간적 능력이라는 척도를 따라 강제력과 공권력을 행사함으로써 법률과 평화를 증진하는 것"이 "국가의 특수한 위임"이라 기술하였다.[33] 여기서 요구되는 것은 **법치국가**(*Rechtsstaat*)다.

초기에 고백교회는 바르트의 신학적 지원을 환영하는 것은 물론 그에게 열광적 반응을 보였다. 1934년 5월 31일 18개 주에서 온 137명의 대표자들은 "신학선언문"에 찬성표를 던졌다(루터파 대표 중 한 명이 투표 직전 집으로 돌아갔는데 이는 그가 선언문의 내용에 동의하지 않았기 때문이 아니라 루터파와 개혁파가 **공동으로** 서명한 선언문 때문에 처하게 될 법률적 어려움을 우려했기 때문이었다). 표결이 끝나자 "교회를 가득 채운 교회의 대표들"은 즉시 자리에서 일어나 "만물아, 하나님께 감사하라"의 제3절을 합창했다. "존귀와 영광과 찬양이 하나님께, 성부와 성자와…."[34] 그렇지만 얼마 지나지 않아 1934년부터 1936년까지 고백교회에서 최고위직에 있던 하노버의 루터파 주교 아우구스트 마라헨스(August Marahens)는 칼 바르트가 개신교 교회의 "가장 커다란 위험"[35]이라고 주장하였다. 바르트가 너무 직접적으로 국가사회주의를 겨냥하고 있다는 것이었다. (전쟁이 끝나고 한참 후인) 1953년에도 뷔르템베르크 주교이자 고백교회를 주도하던 테오필 부름(Theophil Wurm) 역시 삶을 비판적으로 회고하면서, 바르트는 "전체주의적" 사고를 지니고 있었다고 혹평하였다.[36]

하지만 부름 주교는 이 맥락에서 본다면 제2차 세계대전 이후 좀 더 자제했어야 했다. "제국 정화의 밤"(Reichskristallnacht) 이후 1938년 11월 9일과 10일 이틀 동안에 "91명의 유대인들이 살해되었고, 독일 제국 안에 있던 거의 모든 회당들, 유대인이 소유하던 상점들 7,000개소 이상이 파괴되거나 심각한 손상을 입은 것으로 보고되고"[37] 있다. 당시 부름은 법무장관 귀르트너(Gürtner)에게 자신은 "국가는 위협 요소인 유대교에 반한 투쟁을 할 권리가 있다는 점을 부인하지 않는다"는 내용의 서신을 보낸 바 있다. 그는 어린 시절부터 "유대교가 종교적·도덕적·문학적·경제적·정치적 영역에 끼치는 파괴적 영향에 대한 트라이츄케(Heinrich von Treitschke, 1834-1896, 역사가)와 슈퇴커(Adolf Stoecker, 1835-1909, 베를린의 개신교 궁정설교가)의 비판이 타당하다고 여겨왔다."[38] 반유대주의는 이미 1933년 이전부터 독일과 유럽의 다른 나라들의 집단의식에 깊이 뿌리박혀 있었다. 부름 주교는 이처럼 불행한 전통의 영향을 받고 있었다.

다시 바르트의 이야기로 돌아가 보자! 친구들 대부분으로부터 버림받고, 국가에 의해 표현의 자유를 억압당하고, 교수직에서 "강제로 은퇴"해야만 했던 바르트는 1935년 여름 독일을 떠나야만 했다. 그는 1935년 6월 30일 친구이자 개혁파 신학자인 헤르만 헤세(Hermann A. Hesse)에게—헤세는 한때 바르트와 깊이 연대하였고 후에는 강제수용소에서 고초를 겪었다—보낸 고별 편지에서 "독일 현 정부의 시스템"에 대한 자신의 평가는 줄곧 부정적이었다고 말하고 있다. 물론 그가 처음에는 "다소 유보적인" 태도를 취했던 것이 사실이다. 그렇지만 시간의 경과에 따라 이에 "철저히 반대하게 되었고", 그 결과 더 이상 독일에 있는 것이 "물리적으로 불가능해져버렸다." 고백교회는 그를 더 이상 "감당하지" 못하였다.[39] 1935년 7월 8일 바르트는 가족과 더불어 고향인 바젤의 알반링 가(Albanring St.) 186번지에 새로운 보금자리를 얻는다.[40]

제7장

스위스로의 귀환

바르트는 1935년 여름에 스위스로 돌아왔다(물론 본인이 원해서
는 아니었다). 이후 바르트는 신학 대작인 『교회교의학』 저술을 중
심 과제로 삼았다. 『교회교의학』은 그가 사망하기까지도 완성되
지 못했고, (색인을 제외하고도) 8,953쪽에 달하는[1]—신학사에서 유
래를 찾아볼 수 없는—어마어마한 대작이다. 하지만 이 기간 동
안에도 바르트는 정치 활동에 열심이었다. 바젤시 정부는 바르트
를 "독일 지식인 구호기관"(Hilfswerke für deutsche Gelehrte)의 회
장으로 임명했다. 이곳에서 바르트는 유대인이 대부분이었던 "이
민자들"에 대한 조언과 숙식, 적응 및 지속적 협력을 위해서뿐만
아니라, 재정적인 문제들에도 직접적인 도움을 주고자 노력했다.
이 일을 위해 바르트는 치체스터(Chichester)의 주교인 벨(Bell)과
웁살라의 주교 아이뎀(Eidem), 파리의 목회자 마르크 뵈네(Marc

Boegner) 등과 서신을 교환했는데, 이들 모두가 에큐메니칼 운동의 초기 지도자들이었다. 바르트가 도움을 주었던 망명가들 중에는 유대인 피아니스트 루돌프 제르킨(Rudolf Serkin)도 있었는데, 그는 미국으로 이주하기 전 "감사의 표시"로 바르트의 딸에게 잠시 피아노 교습을 해주기도 하였다.[2]

이 구호기관의 후원으로 바젤 대성당에서 토마스 만(Thomas Mann)과 함께하는 시 낭독회가 열리자 많은 이들이 이 모임에 참석하였다. 토마스 만은 "당시 쓰고 있던 소설 '요셉과 형제들'"[3]을 이곳에서 낭독하곤 했다. 토마스 만은 1933년에 출판된 『오늘날의 신학적 실존』을 읽고 바르트를 매우 높이 평가하였다. 그는 이 글을 "서구에서 나치가 자행한 범죄에 대해 자유로우면서도 강력하게 항거하는 최초의 독일어 서적"으로 보았다. "이 얼마나 담대한 인물인가!" "모두가 배를 땅에 깔고 엎드리던 시대에…신학자 바르트의 책들은 유일한 위로가 되었다.…오직 이 영역에서, 그리고 이쪽 편에서만 확실한 저항이 가능하다는 것이 드러났다."[4]

토마스 만은 아돌프 히틀러와 국가사회주의에 정치적으로 순응한 독일 지성인들로 인해 쓰라린 경험을 맛본 적이 있다. 1933년 봄 소위 전문가라는 사람들이 대중적인 "라디오 방송과 출판물들"을 통해 그의 논문 "리하르트 바그너의 수난과 위엄"을 공격했던 것이다. 국가사회주의 치하에서 바그너는 일방적으로 칭송을 받던 대상이었다. 그런데 토마스 만이 바그너의 사망 50주

편안한 침묵보다는
불편한 외침을

기를 기념하여 그에게 존경을 표하는 동시에 비꼬는 기념사를 쓴 것이 지배세력에게는 "모욕"으로 받아들여진 것이다. 저명한 음악계 인사들, 예를 들어 뮌헨 국립가극장의 음악감독이었던 한스 크나퍼츠부쉬(Hans Knappertsbusch), 작곡가 한스 피츠너(Hans Pfitzner)와 리하르트 슈트라우스(Richard Strauss) 등이 "바그너 기념도시 뮌헨의 항의서"에 서명하였다. 1933년의 정치적 상황 속에서 이 같은 일들은 토마스 만에게 "생명에 대한 위협"[5]과도 같았기에 그는 더 이상 고향에 머무를 수 없었다. 본래 토마스 만은 집안 내력상 교회와는 거리가 멀었다. 하지만 그는 힘겨운 시간을 지내던 중 칼 바르트를 만났을 뿐만 아니라 전혀 기대하지 않았던 방식으로 성서가 지닌 힘을 발견하였다. 그는 성서를 "가장 위대한",[6] 몇 안 되는 "세계문학의 위대한 기념비",[7] "측량할 수 없는 정신적 영향력의 통일체"[8]라고 높이 평가했다. 토마스 만은 성서에 담겨 있는 감각 및 정신에 매료되었다. 성서에서 감각은 정신화되었고, 정신은 신체화되었다.[9] 이러한 정황으로 볼 때 토마스 만이 바르트가 주최한 바젤 교회의 행사에 참여한 것은 당연했다.

1938년 1월 5일 취리히에서는 바르트의 주도 아래 "독일 고백교회를 위한 스위스 후원기관"이 설립되었다. 바르트는 이 기관을 위해 많은 노력을 기울였고, 이곳에서 주관한 "빕킹엔 회의"(Wipkinger Tagungen)에서 여러 강연을 발표했다. 취리히에 있던 바르트의 동료 에밀 브룬너 역시 1939년 중반에 바르트의 추천으로 이 기관의 지도 위원회 위원이 되었다.[10] 제2차 세계대전 기간에 바르트는 망명자 전체뿐만 아니라 그들 한 명 한 명에게 구체적인 도움을 주고자 노력하였다. 1941년 11월 21일에 바르트는 스위스 망명자 문제를 취급하는 베른의 하인리히 로트문트(Heinrich Rothmund) 박사에게 "망명자들의 개별 문제에 관한 면담"[11]을 신청하기도 하였다. 1944년 6월 25일에는 헝가리 유대인들의 박해와 관련해서 연방의회 의원인 놉스(Nobs)와 접촉하기도 하였다.

유럽 전역에서 바르트는 히틀러 정부에 대한 무력저항의 지지자로서 명성을 얻었다. 그는 1938년 체코의 동료 로마드카(Josef L. L. Hromadka)에게 보낸 편지에서 아래와 같은 의견을 표명하여 세계적인 논란을 불러일으켰다(당시는 영국 수상 체임벌린[Chamberlain]이 히틀러와 체코의 운명에 관한 협상을 벌인 결과 뮌헨 협정[Münchner Abkommen]*이 체결된 때였다).

전투에 참가한 체코 군인들이 고통을 당하는 것은 한편으로 우리를 위함이기도 하며―나는 일말의 주저 없이 말한다―다른 한편으로는 예수 그리스도의 교회를 위해서이기도 하다. 지금의 교회는 히틀러와

---

* 〈역자주〉 뮌헨 협정은 1938년 9월 30일 독일, 영국, 이탈리아, 프랑스 사이에 맺어진 협정으로 체코슬로바키아의 독일인 거주지역인 주데텐 지역을 독일 제국에 양도함으로써 유럽의 평화를 유지한다는 명목으로 체결된 협정이다.

무솔리니가 오염시킨 영역에서 조롱거리가 되거나 절멸당할 수도 있다.…한 가지 분명한 사실은 오늘날 체코슬로바키아의 국경에서 인간적으로 가능한 모든 저항이 이루어져야만 한다는 것이다.[12]

고백교회 내에서 한때 바르트의 친구였던 자들은 이 편지를 보고 경악했다. 그로부터 불과 얼마 후인 1938년 10월 24일, 바르트는 네덜란드로 편지를 보내며 교회는 "복음을 위해서라도 올바른 토대 위에 세워진 국가와 평화를 지향해야"[13] 한다고 적었다. "정당한 목적을 위한 평화를 이루는 데 필요하다면…교회는 국가를 향해 검을 겨눌 수도 있다." 만일 국가가 "다른 방식으로는 더 이상 평화를 수호할 수 없다면", "국가는 검으로 평화를 수호해야만 한다."[14] 이틀 후 네덜란드로 보낸 또 다른 편지에는 "정치질서와 자유"에 대한 위협은 "간접적으로 교회를" 향할 수밖에 없다고 쓰여 있다. "정당한 국가"가 질서와 자유를 수호하고자 한다면, "이러한 수호행위에는 교회도 간접적으로 참여한다."[15]

칼 바르트는 아돌프 히틀러의 위협에 무력으로 투쟁할 것을 가장 강력하게 주장한 사람이었다. 신학자로서 바르트는 **비인간적인 독재에 맞선 당사국 내부의 폭력적인 봉기의 정당성**을 공개적으로 주장하였다. 그는 독일의 상황을 직시하면서 1938년 봄 스코틀랜드에서의 초청강연에서 이렇게 말하였다(독일 군대가 오스트리아를 침공했을 때였다).

지금 우리는 거짓말쟁이와 변덕쟁이, 살인자와 방화자들로 이루어진 정부를 상대하고 있는지도 모른다. 이 정부는 스스로를 하나님의 자리에까지 올려놓았고, 양심을 옥죄고, 교회를 억압하며, 스스로를 적그리스도의 교회로 만들려는 정부다. 그렇다면 이제 우리 앞에 놓인 선택은 명백하다. 하나님께 불순종하고 이 정부에 순종할 것인가, 아니면 하나님께 순종하며 이 정부에게 불복할 것인가.

바르트는 국가와의 관계를 "**적극적인 공모**", "**수동적인 저항**", "**적극적인 저항**", 그리고—이것이 특별히 첨예화된—"**폭력적 저항**"으로 구분하였다. 그는 그리스도인이 "**폭력을 사용하는 일에**" 참여해도 좋으냐는 의문을 제기하면서, 우리는 "교회의 **경계선**, 즉 아직 구원받지 못한 세계라는 영역"에 속해 있다고 말한다. "이 세계 속에 산다는 것, 그리고 그 안에서 하나님께 순종한다는 것"은 "폭력에 직·간접적으로 가담한다는 것"을 의미한다.[16] "이것만은 분명히 하자. 우리는 이미 어떤 식으로든 폭력의 사용에 참여하고 있다."

폭력적 저항은 (6년 후인 1944년 6월 20일 독일에서 아돌프 히틀러를 암살하고자 시도했던 것처럼) "*ultima ratio*", 즉 최후의 수단이다. 하지만 "최후의 수단이 폭력적 저항이라는 두려움 때문에…적극적 저항 자체를 배제"해서는 곤란하다.[17] 이 세계는 "사나이를 필요로 하는데, 그리스도인들이 사나이가 되려 하지 않는다면 이는 무척

슬픈 일이다."[18]

("제국정화의 밤" 이후 몇 주 뒤인) 1938년 12월 5일 열린 "빕킹엔회의"에서 바르트는 특히 국가사회주의를 신랄하게 비판한다.

> 국가사회주의는 근본적으로 적그리스도의 적교회(Antikirche)다. 히틀러와 다른 이들, 특히 반유대주의에 앞장서는 자들은 자기들이 무엇을 건드렸는지 모르고 있다.…유대 민족의 "물리적 제거", 회당과 토라 두루마리의 방화, "유대인의 신"과 "유대인의 성서"가 독일인들에는 고역스러운 것들의 집합체라며 거부하는 일…등이 발생한다면, 그리스도의 교회를 그 뿌리부터 공격하고 제거하려는 시도가 이어질 것이 분명하다.…원칙적으로 유대인에게 적대적인 사람은—비록 다른 부분에 있어서는 빛의 천사라 해도—엄밀히 말하자면 자신이 예수 그리스도의 원수임을 스스로 인정하는 것이나 마찬가지다. 반유대주의는 성령에 대한 죄다.…국가사회주의는 반유대주의 안에서만 생명을 얻는다.[19]

바르트는 독일에서 환영받지 못하는 존재였다. 바르트의 전투적 입장이 스위스에서도 모든 사람의 공감을 산 것은 아니다. 지금은 아돌프 히틀러와 그의 정부를 지지하던 스위스인들에 대해 말하고 있는 것이 아니다. 그런 부류의 사람들이 있기는 했지만 이들을 제외한 대다수 사람들은 히틀러를 지나치게 자극해서는 안 된다는 생각을 공유하고 있었다. 이들은 자신의 입장을 뚜렷하게 밝히는 바르트의 행보를 위험하게 여겼다. 1939년 봄 「새로운 취리히 신문」(*Neue Züricher Zeitung*, NZZ)*에 게재된 일련의 사설이 그 예다.

1939년의 어느 일요일, NZZ는 2개의 판본을 발행한다. 독일 군대가 프라하를 접수하고 뮌헨협정이 휴지조각이 되어버린 지 한 달 만인 4월 23일, NZZ의 두 번째 판의 표지에는 자유기고가인 "Sdt."가 작성한 매우 긴 사설이 게재되었다. NZZ 편집부는 기고자의 이름을 익명으로 처리했다.

NZZ가 바르트를 공격하는 글을 실었다는 점은 우리에게 생각할 거리를 제공한다. "Sdt."와 바르트 사이의 논쟁은 『제2차 세계대전 중(1930-1955)의 새로운 취리히 신문』[20]이라는 기념집에 담겨 있다. 편집자인 프레드 루흐징어(Fred Luchsinger)는 이 논쟁에 대한 평을 덧붙이지 않고 있는 그대로의 역사적 사실만을 적고 있다. 이후 수십 년 동안 바르트와 NZZ는 불편한 관계로 지내다가 바르트가 사망하기 일 년 반 전인 1967년 부활절에야 가까스로 "화해"가 이루어졌다. NZZ가 부활절을 맞아 바르트에게 "부활절의 비밀"[21]이라는 기념사설을 써줄 것을 요청했기 때문이었다.

"Sdt."가 쓴 사설의 제목은 "칼 바르트와의 대결"이었다. 이 글

---

* 〈역자주〉 아래에서 이 신문은 NZZ라는 약어로 표기된다.

에서 그는 (신학에 대한 이해 없이) 무례하기까지 한 방식으로 바르트를 평했다. 저자는 칼 바르트가 "순수한 이들과 훌륭한 신자들에게 국가사회주의 사상과 정치의 어두운 단면을 보여줌으로써 우리 민족을 위해 봉사했다는"[22] 사실을 부인하지는 않는다. 그는 "바르트 교수가" 체코슬로바키아의 무력 항쟁을 지지했고 반파시즘 성향의 「스위스 일요신문」(*Schweizer Zeitung am Sonntag*)에 협력했다는 점을 거론한다. 그는 바르트의 책들이 "독일의 검열로 인해" 판매 금지되었다는 것과, "제3제국에 의한 금지조치가 바젤 대학교 신학과에까지 영향을 미치고 있다는" 사실을 언급한다. 하지만 바르트의 정치적 용기에 대해서는 감사할 필요가 없다고 말한다. 그는 바르트가 업고 있는 일종의 정치적 "후광"을 조롱한다. 특히나 "바르트 교수가 국가사회주의 하의 독일에서 행했던" 비판적인 표현들을 "최근에", "사회주의적" 성향의 신문에 반복적으로 싣고 있는 것에 분노하는 것처럼 보인다.

"Sdt."는 결코 제3제국의 지지자는 아니었지만 스위스의 사회민주주의를 평가절하하고 있다. 그는 "사회민주주의자"(Sozialdemokraten)라는 말 대신에 조롱의 뉘앙스가 강한 "사회주의자"(Sozialisten)라는 단어를 사용한다. 그는 바르트의 "가르침"이 "스위스의 문화를 보존"하는 데 악영향을 끼친다고 여겼다. 바르트는 (당시 유행이었을 뿐만 아니라 국가로부터 후원을 받고 있던) "고향의 양식"(Heimatstil)을 비판했고, 이와 더불어 스위스의 공공 문화정책을 "독일식 사고방식의 새로운 유입"이라고 평가하면서 우려를 표했다. "Sdt."가 바르트를 비판하는 요지는 그의 가르침이 "우리의 국가 형태는…다만 조국을 지키려 한다"는 스위스의 근본 신념에 어긋나기에 "스위스의 외교정책의 핵심인 철저한 중립성 유지"를 어렵게 한다는 것이다.

"Sdt."로서는 하나님에게 "국가사회주의가 힘을 잃고 사라지는 가운데 당신의 은총이 나타나게" 해달라고 하나님께 기도해야 한다는 바르트의 요구를 받아들일 수 없었다. "Sdt."는 "바르트 교수"가 제3제국을 "새로운 터키"라 부르면서 프로테스탄트 교회는 "기도하는 교회"로서 "무력으로 방어"해야 한다고 주장하는 것이 마음에 들지 않았다. 이런 표현의 기저에 놓인 "십자군과 불신자의 회개에 대한 사고"는 "스위스의 중립외교정책이라는 입장에서" 매우 위험하다.

익명의 기고자는 이어서 바르트가 스위스의 민주주의를 인정하면서도 국가는 "인간의 영혼과 신앙에 대해…아무것도 주장할 수 없으며", 교회에 "복음을 자유로이 선포할 권한"을 보장할 의무만을 가진다는 입장을 대변한다고 비판한다. 마지막에 제기된 비판은 바르트의 『교회교의학』과 관련되어 있다. 자유주의자인 "Sdt."는 교의학이나 신조라는 단어에서 신학적 교권주의나 경직된 교조주의를 떠올렸지만 그는 바르트의 신학 관련 저작물들 속에 교조주의의 위험으로부터 탈피하려는 시도가 담겨 있다는 사실을 전혀 알지 못했다. 바르트를 올바르게 이해하기 위해서는 1932년 출판된 『교회교의학』 제I권에 담긴 "교의학의 진정한 결과는" 언제나 "오직 새로운 질문들"[23]이어야 한다는 말에 주목할 필요가 있다. 몇 년이 지난 후 바르트는 같은 의미에서 복음은 "그 자체로 무한하고도 영원하여 사라지지 않고, 그것을 새롭게 진술하려는 기독교 신학의 그 어떤 시도로도 그 충만한 깊이를 따라갈 수 없다"고 쓰고 있다. 모든 인간적 진술은 "불완전하며, 개별적 인식 수준에 의존할 따름이다." 예수 그리스도에 대한 복음은 인간이 "소유할 수 있는…죽은 유물로서" 주어진 것이 아니다. 복음은 "언제나 새롭게 탐구되고, 발견되고, 질문되어야" 한다.[24] NZZ의 사설은 바르트의 신학적 입장에 대한 저자의 무지함을 명백히 드러내는 글이다. 여기서는 NZZ 사설의 마지막 부분을 살펴보자.

칼 바르트가 우리 민족을 위해 공헌하였다는 사실은 의심의 여지가 없다. 그는 많은 이들과 훌륭한 신자들에게 국가사회주의 사상과 정치의 어두운 단면을 보여주었다. 그렇지만 이러한 공헌 때문에 그의 정치적 노선이 스위스에 끼칠 수 있는 위험을 간과해서는 안 된다. 그의 가르침은 연방정부의 결의에 따라 스위스의 문화를 보존하는 데 악영향을 끼친다. 그것은 연방정부뿐만 아니라 기타 주 의회들, 그리고 민족 전체가 준수하기로 했던 "철저한 중립성 유지"라는 외교정책의 근간을 뒤흔든다. 바르트는 국가의 지위를 공적인 삶의 형성력에 종속될 정도로 과하게 격하시킨다. 경우에 따라 그것은 서로 다른 신앙고백들 간의 잠재적 대립을 신앙의 투쟁으로까지 악화시킬 수도 있고, 개신교 진영 안에서 불만과 불안, 분리를 야기하기 쉽다. 전체적으로 볼 때 이러한 작용들은 연방제도의 저항력을 약화시킬 것이다.

"Sdt."의 "견제"가 이루어질 당시 스위스는 독일제국으로부터 계속해서 중립성을 위반하고 있다는 비난을 받고 있었다. 당시 스위스를 둘러싼 정세는 매우 복잡했다. 1939년 4월 23일 발행된 NZZ의 동일한 판본에는 특이하게도 독일 정부의 문의에 대한 스위스 연방의회의 공식답변이 인쇄되어 있다. 독일 정부는 독일의 프라하 점령과 관련하여 미국 대통령 루즈벨트(Roosevelt)가 제시한 "평화외교"에 대한 베른의 입장 표명을 요구하였다. 연방정부는 스위스가 "독일과 이탈리아 정부에 평화를 촉구하는 루즈벨트 대통령의 의도가 무엇인지에 대해 **전혀 아는 바가 없다**"고 대답했다. 이어서 다음과 같은 단락이 추가되어 있다.

연방정부는 스스로의 방어력을 통해 수호되는 스위스 연방이 존중되리라 믿는다. 스위스 연방은 독일뿐만 아니라 다른 이웃국가들에게도 충분한 인정을 받고 있다.

이 글의 행간에서 스위스 정부의 예민한 의중을 쉽게 읽을 수 있다. (언론이 보도하는) 미국의 의도에 대해서는 **모른다**고 하면서 스위스의 중립을 강조하고 있는 것이다. 이는 독일과 이탈리아를 모독하거나 자극하지 않으려는 의도가 담긴 표현인데, 스위스 연방정부는 평화를 위한 미국 대통령의 염려와 의견을 같이 한다는 입장을 밝힐 만큼 대담하지 못했다.

NZZ는 매우 공정한 매체였기 때문에 바르트에게 반론의 기회를 주었다(비밀을 유지하겠다는 조건으로 편집주간인 빌리 브레처[Willy Bretscher]는 바르트에게 그 사설을 쓴 인물이 뵈치콘의 지역지 「자유인들」의 편집자인 게오르크 슈미트[Georg C. L. Schmidt]임을 고백했다. 슈미트는 주로 지역경제에 관한 글을 써온 인물이었다[25]). 열흘 후인 1939년 5월 3일 수요일 NZZ 저녁판의 표지에는 "필연적인 위험들"이라는 제목으로 바르트의 사설이 실렸다. 바르트는 비꼬는 투로 NZZ에게 "감사"했다. 그는 자신에 반대하는 사설을 "즐거운 마음으로 읽었고", "그래서 기꺼이 (자기의) 의견을" 개진하려 한다고 밝혔다. "한 번은 비판받고, 또 한 번은 거기에 대해 입장을 표명할 수 있다는 것은 얼마나 즐거운 일인가!" 이런 의미에서 바르트는 자기를 공격했던, "전혀 모르는 그 사람에게 악수부터 청하고 싶다"고 적었다.

바르트는 "그의 실천적 태도"가 스위스에게는 **위험한** 일이라는 비판에 대해 예리한 답변을 한다. 바르트는 "피할 수 있는 위험"과 "필연적 위험"을 구분한다. 필연적 위험을 회피하면 더 큰 위험에 봉착할 수밖에 없다. 그의 관점을 당시 스위스의 정세에 비추어 살펴보자면, 즉 독일의 혈연-영토-이데올로기(Blut-und-Boden-Ideologie)에 대응하는 과정에서 스위스가 민족주의적 관심사에 사로잡힌다면 그것이 후일 더 큰 위험을 초래하리라는 것이다. 스위스가 로젠베르크(Rosenberg)의 "20세기의 신화"*에 대항하면서—현실적 관점이 아니라—"스위스의 자유라는 신화"를 제시한다면, 더욱 비참한 일을 겪게 될 것이다. 바르트는 "우리가 네 가지 언어를 사용하는 민족의 토대 위에서 정신적 자족주의"를 주창하고 "거기에 덧붙여 반유대주의를 주장하기" 시작한다면, 그리고 "같은 맥락에서 문화를 조국수호"와 혼동한다면 무슨 일이 벌어지겠느냐고 물었다. "Sdt."의 주장에 반하여, 바르트는 "앞선 시대를 살았던 스위스 문화의 진정으로 위대한 담지자들" 중 그 누구도 "민족적 이익을 주된 관심사로 삼지 않았다"고 주장한다. 바르트는 "작금의 상황에서 이 문화를" 보존하는 것이 과연 가능하기나 하냐는 의문을 품었다.

이와 더불어 바르트는 스위스의 문화정책이 내포한 위험을 강조하였다. 당시 스위스의 문화정책은 쇄국주의적 경향과 근시안

---

* 〈역자주〉 로젠베르크는 『20세기의 신화』라는 책에서 독일 민족의 순수성을 근거로 독일 민족이 유럽을 지배할 사명을 부여받았다고 주장하였다. 그의 이론은 나치즘의 반유대주의와 게르만 팽창주의의 근거가 되었다.

편안한 침묵보다는
불편한 외침을

적 민족주의에 사로잡혀 있었다. 스위스로 이주해 온 문인들 중 대부분은 활동이 금지되었다. 오스트리아에서 이주해온 저명한 신문 문예작가 알프레드 폴가(Alfred Polgar)에 관한 스위스 문인 협회의 보고서에는 스위스가 국내 문인들의 문화 창작을 후원하는 "동시에 외국으로부터의 경쟁"을 국내로 반입하는 것은 무의미하다고 적혀 있다.[26] 직업 활동 금지 조치로 인해 청소년 문학 작가인 쿠르트 클래버(Kurt Kläber)는 자신의 책『검은 형제들』을 스위스에서 아내 리자 테츠너(Lisa Tetzner)의 이름으로 출판해야만 했다. 클래버는 1941년에는 또 다른 저서『붉은 초라』를 스위스 외무경찰의 눈을 피해서 "쿠르트 헬트"(Kurt Held)라는 가명으로 출판하였다.[27]

다시 NZZ에서의 논쟁에 대해 살펴보도록 하자! "Sdt."는 바르트가 "국가를 개별 그리스도인들의 자유와 권리, 책임을 통해 제약"할 것을 요청함으로써 "국가의 지위를 과도하게 격하시킨다"고 비판하였다. 이에 대하여 바르트는 모든 사람이 스위스에 정의로우며 진정으로 민주적인 국가가 수립되기를 원한다고 주장하였다. 이때 민주국가란 "시민들 공동의 책임 위에 건립되고", 그곳에서의 삶이 "헌법과 법률을 따라" 하나의 "공적으로 조정 가능한" 영역에서 이루어지는 국가를 의미한다. 그렇기에 바르트는 "공적 삶의 형성"을 위한 역할만을 수행하는 국가를 구현할 방법이 무엇인지 묻고 있다. "이런 국가가 스스로에게 아무런 '제약을 두지 않

올' 수 있겠는가?" "이 국가가 스스로를 절대적이고도 전체주의적인 국가로 고양시킬 수 있겠는가?" "자신의 한계를 인정하는 것이 국가의 본질 아닌가?" "그것이야말로 (이를 무시하는 것이 국가 자신의 파괴를 초래할 수도 있기에) 국가에게 필수적인 것이 아닌가?"

이제 바르트 신학의 일면을 살펴보자. 다른 출판물들에서와 마찬가지로 바르트는 복음을 자유롭게 선포하는 것이야말로 국가의 한계를 정하고 절대주의와 전체주의로부터 국가를 보호할 수 있는 최선의 방법이라고 주장한다.

"복음의 자유로운 선포" 또는 "개별 그리스도인들의 자유, 권리, 책임" 에 대한 논의란 한편으로 국가의 한계에 대해 이야기하는 것이기도 하다. 또한 그것은 자유로운 복음의 선포와 국가 간의 과격한 대립을 의미한다. 물론 나는 복음을 선포한다 해도 서로 다른 정치적 진영 사이의 견해 차이로 인한 실패의 가능성이 있다는 것을 잘 알고 있다. 이 한계를 상기시키는 것이 얼마나 "위험한" 일인지를 잘 알지만 그것을 피하는 것은 불가능하다. 내게 말해달라. 그 외에 정당한 토대 위에 국가를 건설하고 유지할 수 있는 다른 방법이 있는가? 그 한계를 상기시키지 않고 과연 오늘날 스위스 사회주의자와 스위스 자유주의자, 시민들과 노동자들, 농민들, 독일어를 쓰는 스위스인들과 프랑스어를 쓰는 스위스인들을 한곳으로 모을 수 있을까? 내게 발언권이 주어진 이상 나는 소리 높여 말하리라. 국가의 한계를 되짚는 것이 국가에게 위협이 된다며 의심의 눈초리로 이를 억압하려는 것이야말로 국가에 더 큰 위험을 초래하는 일이다.[28]

바르트에 의하면—추상적으로 표현하자면—하나님을 기억하는 것, 이 "전적 타자이신 분"의 존재를 상기시키는 것, 중세의 사상가인 캔터베리의 안셀무스(Anselm von Canterbury)의 저 유명한 표현을 따르자면, 가장 큰 사유의 대상을 되새기는 것[29]이야말로 교회의 가장 숭고한 과제인 동시에 국가로 하여금—그것이 자유주의적 법치국가라 할지라도—스스로를 절대화하지 않게끔 하는 최선의 방책이다. 국가가 인간성을 유지하기 위해서는 교회가 종종 불편한 방식으로 이루어지는 국가의 일에 개입할 수 있는 가능성을 열어두어야 한다.

스위스 개신교는 본래 독특한 정치적인 색깔을 띠고 있었는데 그 기원은 종교개혁 시대까지 거슬러 올라간다. 바르트는 처음부터 이를 분명히 의식하고 있었다. 취리히의 개혁가 훌드리히 츠빙글리(Huldrych Zwingli)의 주요 저서(분명 NZZ의 편집실에서는 이 책에 대해 알지 못했을 것이다)『목자』에 의하면 "목자(즉 목사나 신학자)는 왕, 영주들 또는 고위직에 있는 자들이라 해서 제재를 받지 않는 일"이 없도록 하고, 오히려 이들이 정도(正道)를 벗어날 경우에는 "그들의 잘못을 지적해야만 한다." 목자는 아무도 엄두를 내지 못하는 일을 해내야 한다. "껄끄러운 것을 지적함으로써 더 나쁜 일이 닥치지 않도록 하라. 아무에게도 아첨하지 말고, 영주 앞에 서는 백성과 영적인 것을 대변하라. 지위, 영향력, 수, 그 외의 어떤 수단에도 영향받지 않도록 하라. 하나님이 부르실 때는 즉시 그들이 스스로를 변화시킬 때까지 항거하라."[30] 적어도 취리히에서 바르트의 이 같은 주장은 결코 새로운 것이 아니었다.

후에도 바르트는 종종 교회와 국가의 관계와 관련해 "참으로 스위스다운" 개혁주의 전통에 의존하곤 했다. 1941년 8월 14일 베른으로 보낸 편지에서 바르트는 "신학을 삶의 문제, 즉 정치적 결단과 연관 짓는 것은 (자신의) 신학뿐만 아니라 모든 신학의 핵심입니다"라고 썼다. "츠빙글리와 칼뱅의 가르침에 기초한 우리나라의 개혁교회가…이러한 권리와 의무를 등한시할 수는 없습니다."[31] 1941년 11월 26일 하인리히 로트문트(Heinrich Rothmund) 박사에게 보낸 편지에는 보다 노골적인 표현이 등장한다.

존경하는 박사님,—나는 사실 당신보다는 당신의 상관(연방정부의 수장인 슈타이거를 가리킴)에게 직접 요구할 수 있기를 바랐습니다!—교회는…결코 연방의 부속 기관이 아닙니다. 그러므로 교회는 연방정부의 의도와 감독에 복종하거나 순응할 필요가 없으며, 또 그래서도 안 됩니다.[32]

NZZ에 게재한 사설의 다음 단락에서 바르트는 본인의 정치적 입장이 독일 정부를 자극하기 때문에 스위스의 외교정책과 관련해서 위험하다고 비판한 익명의 상대에게 다음과 같이 반문한다. 오히려 반대로 "지금 이미" 스위스 백성에게 언젠가 벌어질 전쟁은 결코 "화해할 수 없는", "다른 방식으로는 어찌할 수 없는" 대결일 것이라고 말해야 하지 않을까? 이미 이전부터 바르트는 어쩌면 우리는 "우리의 아들들과 형제들을⋯불 속으로 보내고 스스로를 폭탄들과 함께 내던져야" 할지도 모른다고 말해왔다. 올바른 국가를 위해서라면, 우리는 "죽음을"―심하게는 누군가를 죽이는 일을―무릅써야 할 수도 있다. "그것이 현 외교정책에 끼칠 불편과 위험을 무릅쓰고서라도" 분명한 입장을 밝혀야 하지 않을까? "그렇다면 모든 것이 문제시되고 있는 때에 그저 중립성을 유지하겠다는 명목으로 스위스 전반의 문제를 모르는 척 외면하는 것이 스위스의 미래에 더 큰 위협이 된다." 바로 그런 이유로 바르트는 "비교적 작은 위험을 감수하는 편이 낫다"고 진지하게 외치고 있다.

신학적 교조주의라는 비판에 바르트가 어떤 식으로 반박했는지를 일일이 거론할 필요는 없을 것이다. 첫 번째 반론으로부터 며칠 후 1939년 5월 5일 게재된 또 다른 반론에는 특별히 새로운 논지가 추가되지 않았다. "천재적인 역사가이자 국가이론가인" 알렉시스 드 토크빌(Alexis de Tocqueville)의 텍스트에 의존해 논쟁을 마무리하는 "Sdt."의 논지는 간명하다. 그는 "정치적 사건들에 대한 신학의 개입"을 경고했다.

제2차 세계대전이 발발하기 몇 달 전에 이처럼 명확한 입장을 밝힌 사람은 바르트가 유일했다. 바르트는 국내적으로뿐만 아니라 국제적으로도 국가사회주의와 조금도 타협하지 않고 저항했다. 히틀러와 관련한 일이라면 바르트는 중립을 지키려는 시도조차 하지 않았다.

제8장
정치적 표현의 금지

1939년 9월 1일 독일이 선전포고도 없이 폴란드를 침공함으로써 제2차 세계대전이 시작되었다. 칼 바르트는 처음부터 무력으로 조국을 수호할 것을 역설하였다. 독일에 있던 초창기부터 이미 바르트는 스위스가 강력한 군대를 보유할 것을 주창하였다. 1934년 한 스위스 출판인이 바르트에게 군대에 대한 그의 입장을 묻자 바르트는 "독일에 맞서(스위스의) **북부** 국경을 굳건히 방어해야 한다"고 답하였다.[1] 전쟁이 발발하자 "바르트는…약 55세의 나이로 스위스 군에 자원입대하였다." 그는 "이를 통해 자신의 저항 의지를 강하게 드러내고자 했다.…하지만 사실 바르트는 건강상의 이유로 젊은 시절에 이미 군복무를 면제받았다." "바르트는 '무장 지원부'에 배속되었다. 이 부대의 임무는 스위스가 공격을 받을 경우 진격하는 독일 군대를 접경지에서 일정 시간 동안 저지함으로써 스위스 주력군이 알프스 지역 요새인 '레뒤뜨'(Reduit)에 집결할 수 있도록" 지원하는 것이었다. 그가 배속된 부대는 사실상 생존 가능성이 없었고 부대원들 역시 이 점을 잘 알고 있었다. "자신의 군복이 의미하는 바가 무엇이었는지는" 바르트가 1942년 6월 19일 치체스터의 주교 벨에게 보낸 편지에 나타난다. 그는 벨에게 자신이 군복을 입고 찍은 사진에 다음과 같은 메모를 동봉하여 보냈다. "모든 수단을 동원해서 악에 저항하라."[2]

바르트는 초평기아 협회 멤버였던 스위스군 총사령관 앙리 귀상(Henri Guisan)과도 개인적인 서신을 교환했다. 두 사람은 1942년 8월 게르첸 호수 옆의 굿 로젠가르텐에 있는 친구 알베르트 폰 엘라흐(Albert von Elach)[3]의 집에서 만나 함께 이틀을 보냈다. 이들이 어떤 이야기를 나누었는지는 오늘날까지 전해지지 않는다. 장군이었던 귀상이 열병식을 사열하는 동안, 바르트는 군복을 입은 채 도열함으로써 조국을 수호하겠다는 의지를 공개적으로 드러내고자 했다.[4]

서론에서 이미 언급하였듯이 스위스 정부당국은 그의 저항 의지를 조금도 달가워하지 않았다. 1941년 여름부터 바르트는 스위스 전역에서 정치적 문제에 대해 표현하는 것을 금지당했고, 그의 통화 내용은 불법 도청되었다. 연방정부 수상 에두아르트 슈타이거는 그를 구금하는 방안을 진지하게 고려하기도 했다. 이 모든 일들은 바르트가 최근에 행한 두 번의 강연이 베를린 정부를 불편하게 만들었기 때문이었다. 그 첫 번째는 1940년 11월에 행한 "현시대 우리의 교회와 스위스"라는 강연이었다. 바르트는 이 강연을 여러 지역들에서, 예를 들어 1941년 1월 19일에는 장크트갈렌(St. Gallen)의 망엔교회(Mangenkirche)에서도 행하였다. 이 강연은 1941년 1월 중순 장크트갈렌의 개신교 출판사에서 출판되었지만 경찰에 의해 압류되었고, 검열 결과 판매를 금지 당했다. 스위스 연방정부는 이런 조치를 통해 독일 정부의 요구를 충실히 이행하였다. 1941년 4월 9일 독일 정부는 스위스에 강력한 항의서한을 보내 "바르트의 강연을 금지"시켜줄 것을 요구했다. 바르트의 강연이 커다란 반향을 일으켰다는 사실은 베를린의 외무부가 같은 날 "베른의 공관을 통해 바르트의 다른 강연 원고들을 수집하여 나치당 본부로 보내도록" 요구한 것을 보더라도 알 수 있다. 얼마 후에는 슈타이거 주재로 열린 비밀회의에 스위스 각 주의 경찰청장들이 참석하여 바르트를 어떻게 처리할지 논의한 끝에 현재와 같은 조치를 유지하기로 결정하였다.[5] 베를린 주재 스위스 대사 프뢸리허(Frölicher)는 7월 12일 베른의 연방의회에 "외교적 곤란을 초래하는 바르트의 입에 재갈을 물릴 것을 요구"하기에 "급급했다." 그는 바르트가 "독일과의 '올바른' 관계형성에 방해"가 되는 인물로서 "스위스의 중립성에 대한 위협"이자 "잠재적 비밀누설자"라고 비난했다.[6]

사실 바르트의 강연인 "현시대 우리의 교회와 스위스"에는 매우 날카로운 통찰력이 담겨 있다. 하나님은 "이 시대의 기만과 속임수와 거짓에 물들지 않고, 악마와의 타협을 철저히 거부하는 강직한 남녀들을"[7] 기다리신다. "어리석은 자들에게 저항하려면 우리 스스로 입을 열어야만 한다." 의로운 자들이라고 해서 반드시 "입을 크게 열고 소리를 내는 것은"[8] 아니다. 바르트는 "적응과 통제, 독일로의 스위스 양도, 직간접적 투항, 낯선 신들에 대한 순복과 찬양을 하기에 적절한 시기를 저울질하는 모든 이들을 상대로 경고를 던졌다. "이런 이들에게는 그들의 인격을 배려할 필요 없이 직설적으로 말해야 한다. 그들이 하는 짓이 은수저를 훔치는 것보다 더 나쁜 일이라고 말이다."[9] 스위스는 위험에 빠져 있다. "소위 말하는 유럽의 새로운 질서의 지금까지 알려지지 않았던 무시무시한 측면이 어떤 식으로든 기필코 드러날 것이기 때문이다."[10]

바르트는 강연에서 독일의 지배가 스위스에게 실질적으로 무엇을 의미하는지를 격정적으로 묘사하였는데, 그중 특히 이 부분이 베를린 정부의 심기를 불편하게 했다. "어떠한 통제도 받지 않는 국가권력은…도덕을 폐기하거나 그에 저항하는 이들을 물리적으로 무력화하고, 마침내는 국가권력의 목표를 충족시킬 만큼 강인하지 않은 이들을 멸절시키는 것을 일상 원리로" 삼을 것이다. "만일 교회조차 스스로 신성을 갖춘 듯 행동하는 이 국가권력의 제의를 따르거나, 혹은 교회의 증언을 사적 경건함의 영역에 국한

시킨 채 국가의 비위 맞추기에 급급하다면 그것은 참으로 견디기 힘든 일이 될 것이다." 어쩌면 이 모든 것들을 "마치 전염병이나 지진을 견디듯이 견뎌내야 할지도 모른다." 그러나 그것을 "원할 수는 없다." "이 모든 것들의 공모자가 된다는 것은…참을 수 없는 일이다. 그것은 잘못되었을 뿐만 아니라 수치스러운 일이기 때문이다." 바르트의 이러한 주장은 특히 국가사회주의에 의해 자행되는 "유대인에 대한 추악하고 치밀한 학대"를 겨냥한 것이다. "오늘날 우리를 위협하는 외부로부터의 폭력적 지배"란 곧 유대인 학대를 뜻한다.[11]

> 이 세계제국의 가장 은밀한 핵심은 유대인들에 대한 증오와 핍박에 있다.…하지만 하나님의 아들인 예수 역시도 유대인이었다.[12]

오늘날에는 당시 스위스에서 국가사회주의의 참상이 얼마나 알려져 있었는지에 대한 논의가 이루어지고 있다. 이 시점에 바르트는 "안락사", 소위 "살아 있을 가치가 없는 생명들"을 제거하겠다는 계획 및 유대인 탄압에 대해 알고 있었던 것으로 보인다. 하지만 1940년 가을이 되기 전까지는 그토록 끔찍한 폭력이 자행되었으리라고는 생각하지 못했다.

바르트의 또 다른 강연도 검열을 거친 끝에 금지되었다. 1941년 8월 1일 스위스 전역에서는 뤼틀리(Rütli)에서의 스위스 연방

출범 650주년을 기념하는 행사가 이루어졌다. 같은 맥락에서 당시 독일어권 개신교 조직 중 가장 활발한 활동을 펼치던 스위스 "청년교회"(Junge Kirche)가 1941년 7월 6일 3개 지역교회에서 지역회의를 개최하였다. 수천 명의 청소년들이 프라우엔펠트와 취리히, 투너 호수 근교의 그밧에 모여들었다. "한 여름의 열기"조차도 발표자들의 강연을 듣는 참가자들의 집중력을 흩뜨려 놓지 못했다. "이때 모인 젊은이들뿐만 아니라 모든 이들이 이곳에서 모든 스위스인들, 특히 그리스도교인들이 당시 직면했던 현실적 문제"가 다루어질 것으로 예상하였다.[13] 프라우엔펠트에서는 장크트갈렌에 있던 교회사가 게오르크 튀러(Georg Thürer)가, 취리히에서는 신학교수 에밀 브룬너가, 그 밖의 지역에서는 칼 바르트가 연설을 펼쳤다(일주일 후 바르트는 똑같은 강연을 프랑스어로 노이엔부르크 주의 파우마르쿠스[Vaumarcus]에서 더 많은 청중들 앞에서 행했다). 청년교회에서는 1941년 8월 1일에 이 세 강연을 취합한 소책자를 출판하였다. 후에 바르트의 강연은 장크트갈렌의 개신교 출판사에서 특별판으로 출판되었다(인쇄는 하이덴의 베버 인쇄소에서 맡았다). "전능하신 하나님의 이름으로"(1291-1941)라는 제목의 강연이 책으로 출판되자마자 초판 12,000권이 매진되었다. 제2판으로 16,000권이 제작되었다(히틀러의 러시아 침공은 1941년 6월 21일에 이루어졌다. 이 강연에는 히틀러의 이름이 등장하지 않는 것으로 보아 우리는 이 원고가 행사가 있기 적어도 3주 전에 탈고되었다는 추측을 해볼 수 있다). 출판된 강연문들은 연방의장과 귀상 장군에게 보내졌다. 장크트갈렌의 소규모 출판사에서 펴냈기에 군 검열부에서는 며칠이 지난 후에야 책이 출간된 사실을 발견했다. 검열부는 1941년 7월 18일에 남아 있던 2판을 압류하였다.

에밀 브룬너와 게오르크 튀러는 아무런 문제없이 계속해서 강연을 펼칠 수 있었다. 그 이유는 이들의 강연과 바르트의 강연을 비교해보면 명백해진다. 브룬너는 스위스의 민주주의 이념에 대한 아름답지만 추상적인 강연을 했다. 글라루스 지방 출신의 게오르크 튀러는 열정적인 어조로 젊은이들에게 그리스도교 신앙과 조국에 대한 사랑을 촉구하였다. 오직 칼 바르트만이 이 강연을 정치적으로 뜨거운 주제를 다루는 기회로 삼았다. 그의 강연은—윈스턴 처칠과 존 F. 케네디의 연설에 견줄 만한—20세기의 가장 위대한 정치연설에 속한다. 이 강연의 내용은 아래에서 다루도록 하겠다.

바르트는 스위스 민족은 "개혁교도와 가톨릭교도, 관념론자와 유물론자 등이 한데 섞여 있는 민족"[14]이기에 스위스는 하나의 그리스도교 국가로 불리기에 부적절하다는 주장으로 강연을 시작한다. 따라서 스위스의 시조들과 조상들이 스위스 연방헌법을 "**전능하신 하나님의 이름으로**"라는 문구와 더불어 시작하기로 한 이유가 무엇인지는 오직 하나님만이 아신다. 하지만 오늘날 이 문구는 단지 별 뜻 없이 적힌 하나의 기호에 불과할 뿐이다. 이와 비교

될 만한 또 다른 기호는 스위스 "연방"(*Eidgenossenschaft*)*이라는 표현이다. 서약(Eid)을 통해 "스위스인들은 특수한 교제"를 수립함으로써 "유럽의 역사 속으로 들어가게" 되었다. 그 서약은 "하나의 책무로서 하나님의 이름을 부름으로써 수립되었고, 하나님 앞에서 받아들여진 것이다." "우리 국가구조의 교단적·정치적 중립성"도 이를 바꿀 수 없다. (이와 더불어 살펴보아야 할) 또 다른 기호 한 가지는 바로 "스위스 십자가"**다.

스위스 국기의 붉은 바탕 위에는 흰색의 십자가가 그려져 있다. 왜 사자나 독수리, 혹은 스위스인들이 선호하는 곰을 그리지 않았을까? 베른에서는 걸어가는 곰을, 아펜첼(Appenzell)에서는 서 있는 곰을 쓰고 있지 않은가? 왜 칸톤 우리(Uri)에서처럼 황소를 사용하지 않았을까? 황소는 "빌헬름 텔 신화"에서처럼 고트하르트 산맥의 파수꾼을 뜻하며, 우리의 힘과 때때로 분출되는 분노, 혹은 수많은 우시장이나 황금송아지에 대한 많은 스위스인들의 봉사에 대한 아주 강력한 상

---

* 〈역자주〉 스위스의 공식적인 명칭은 "스위스 연방"(Schweizer Eidgenossenschaft)이다. 바르트가 거론하고 있는 "연방"이라는 개념은 스위스 연방헌법 1조 1항에 명시된 것으로서, 스위스는 각각 독립적이면서도 동등한 지위를 가진 주(칸톤)들이 자유와 안전을 위해 결성된 연방국가라는 것을 명시하고 있다. 여기에서 바르트는 "연방"(Eidgenossenschaft)은 공동의 "서약"(Eid)을 통해 이루어진 것이라는 사실을 지적하고 있다.
** 〈역자주〉 붉은 바탕에 흰색의 십자가로 이루어진 스위스 국기를 의미한다.

징이 될 수 있을 텐데 말이다.…루체른의 정치인 필립 안톤 폰 제게서(Philip Anton von Segesser)는 1870년대에 스위스 국기의 십자가를 소시지로 대체해야 한다고 주장했던 급진주의자들의 주장을 힘겹게 막아냈다. 다행히 더는 그럴 필요 없이 우리는 다시금 분명히 이 십자가가 지금도 그곳에 서 있다는 사실을 확인할 수 있다.

이 부분에서 바르트 특유의 수사학적 기법이 두드러지게 드러난다. 네 번째이자 마지막 기호로 바르트는 5프랑켄짜리 동전에 새겨진 *"Dominus providebit!"*(주께서 돌보시리라!)이라는 문구를 거론한다.

위에서 언급했다시피 스위스에서 여러 가지 그리스도교적 기호들이 사용되는 것은 사실이지만 그럼에도 바르트가 보기에 스위스를 "그리스도교" 국가로 부를 수는 없었다. "'그리스도교적'이라는 말은 너무나 포괄적인 개념이며, 과거 스위스 연방을 수립할 당시 이루어졌던 계약 역시 그리스도교적이라고 보기 힘들다."[15] 스위스 연방은 650년 전 **"세속적인 목적에서 세워졌다고 명시되었고, 마찬가지로 세속적 수단에 의해 유지, 확장, 보수, 변화되어 왔다."[16]** 그렇지만 바르트에 의하면 "당시 서약을 맹세했던 당사자들이 교회였던 것은 아니지만", 그럼에도 이 서약에 따른 계약은 "예수 그리스도의 교회라는 **토대와 근거** 위에, 그리고 그 숨결과 범위 속에" 세워져서 지금까지도 유지되고 있다.[17] 스위스는 그리스도교 국가는 아니지만 "예수 그리스도의 복음과 맞닥뜨린" 국가이자 "복음의 요구를 받는 국가의 한 가지 사례"[18]다. 이 사실은 필연적으로 아주 특별한 귀결을 낳는다. (자유의) 복음은 그것을 맞닥뜨린 이로 하여금 전제적이지 않고 자유로운 정치 공동체를 가능한 한 민주적으로 구성하도록 한다. 스위스는 "**자유로운 인간에 의한, 자유로운 민중의 법률을 통해 결속된 공동체라는 이념을**" 대변한다. "**독립과 중립을 향한 의지**"[19]에 따라 스위스는 독립국이자 중립국으로서의 정체성을 선언한다. "스위스는 그러한 고백을 통해 법률이 권력보다 우위에 있고, 자유롭게 활동하는 공동의 책임이 그 의도의 선함과 악함을 막론하고 모든 형태의 강제적 지배보다 낫다는 것을 다시금 공개적으로 선언해야 한다."[20] 스위스의 정치적 특성은—"알프스의 빛나는 정상과 비견할 만한 것으로서"—"우리 그리고 서구세계 전체에 선포된 예수 그리스도에 대한 복음의 **반영**(*Widerschein*), 즉 그가 죽음에서 부활한 사실과 하늘과 땅 위의 만물에 미치는 그의 권세, 악마에 대한 그의 완전한 승리, 모든 인간을 돕고자 하는 하나님의 선하심의 확인이다."[21] 마지막에 인용된 문구는 바르트가 그리스도에 대해 말할 때 사용했던 수사학적 과장법의 일종이다.

아직까지는 군 검열부가 특별히 금지해야 할 만한 내용을 찾기 어렵지만, 더 읽다 보면 칼 바르트가 성서의 예언자들처럼 연설을 구성하고 있다는 점을 발견하게 된다. 마치 아모스가 이스라엘을 직접 비판하기에 앞서 이스라엘의 원수들을 겨냥했던 것처럼 (암 1:3-2:16), 바르트는 청중의 호응을 이끌어낼 만한 수사학적 진술(*captatio benevolentiae*)들로 연설을 시작한 다음 곧이어 엄청난 반전을 제시한다.

스위스는…법률을 통해 하나가 된 자유로운 민중과 자유로운 인간의 공동체라는 특징을 상실해버릴지 모른다. 스위스는…과거의 희망에 대한 기억, 즉 유럽의 새로운 질서를 향한 희망을 잃어버리게 될지도 모른다. 스위스는 이제 다음과 같은 것 외에는 아무런 이야깃거리가 없는 변방이 될 수도 있다. 그 지역에는 치즈와 시계, 자수품과 기계를 만드는 사람들이 살고 있다. 호텔 종사자들과 문지기들, 산악 안내자들과 스키 강사들이 돈을 벌면서 소소한 즐거움을 누리고 있다. 우리 주에서 시민권을 얻은 이들은 더 이상 자유로운 민중들이 아니다. 그들은 그저 열심히 일하고 즐거움을 누릴 뿐, 책임감은 없는 사람들이 되어버렸다.[22]

시신을 덮는 수의처럼…유럽의 새로운 (전혀 다른 종류의) 질서가 우리를 에워쌌다.[23]

스위스가 650년 동안 지속되어온 이래 오늘날처럼 그 특색을, 그와 더불어 그 존속의 권리를, 그와 더불어 저 기호들의 진리를 상실할

엄청난 위협 앞에 서 있었던 적은 없었다고 말하는 것은 결코 과장이 아니다.[24]

칼 바르트는 스위스가 직면한 가장 심각한 문제는 군사적 위협이 아니라 두려움으로 인해 외부의 위협에 스스로를 적응시키는 태도에 있다고 보았다. 아직 독일 군대가 스위스 땅을 밟기도 전에 스위스가 외부의 공격자들에게 성급히 순응한다면 자신의 고유성과 독립국가로서의 권리를 상실할 수도 있다. 바르트에 의하면 스위스는 결정의 기로에 서 있었다. 저항을 택함으로써 "궁핍한 시절로 돌아갈 가능성"과 "군사적 공격과 그로 인해 초래될 결과들"을 수용하거나, 자유를 희생함으로써 중립성의 정신과 문자적 의미를 "저버리고" "안전"과 일거리를 대가로 얻을지를 선택해야 하는 시점인 것이다. 만일 후자라면 독일 군대가 스위스로 침공할 걱정은 하지 않아도 될 것이다. 어떤 경우건 간에 스위스는 "전쟁질서라는 거대한 기계의 톱니바퀴"이자 히틀러의 독일이 추구하는 "신 유럽질서"의 한 부분이 될 것이다.[25]

바르트가 자유한 상태로 겪는 물질적 궁핍을 자유를 포기한 대가로 얻는 풍족함보다 더 낫게 여겼다는 점은 두말할 나위가 없다. 이어지는 강연에서 바르트는 당시의 내무정책과 외교정책을 구체적인 예로 든다. 칼 바르트는 당시 스위스 연방의 상황 악화가 특히 "경제적 약자들", "다수 대중"[26]에게 더 큰 영향을 미치고 있다고 비판한다. 여기에 더해 그는 "스위스 노동조합의 가장 강력한 정치적 대변인이자 가장 강력한 정치적 정당"인 사민당이 연방정부에서 제기능을 하지 못하고 있다고 비판한다.[27] 바르트는 외국에 대한 입장을 결정하는 문제에 비하면 민족의 통일성을 유지하는 것은—당시 스위스에서는 연방정부가 몇 개 주로 구성되어야 할지에 관한 논의가 한창이었다—별반 중요하지 않다고 생각했다. "목숨만큼 중요한 질문"은 스위스의 안위와 아픔에 대한 "중대한 책임을 위임하는 것"과 더불어 "지금까지 알려지지 않았던 이들의 음성"이 더 크게 울릴 수 있는가 하는 것이었다.[28] 당시는 비상정부(Vollmachtregime)* 시기로 민주적인 규칙 중 일부가 한동안 적용되지 않고 있던 때였다. 제2차 세계대전 기간에 연방정부는 헌법에 명시된 것보다 더 큰 권력을 (의회의 견제 없이) 가지고 있었다. 스위스 연방정부에서 사회민주주의가 더 크게 기능해야 한다는 바르트의 (그와 더불어 다른 이들의) 주장은 그로부터 2년 반 후인 1943년 12월 15일의 연방총회에서 에른스트 놉스(Ernst Nobs)를 선출함으로써 비로소 실현되었다.

바르트는 출판 및 연설의 자유를 억압당하며 지속적으로 고통

---

* 〈역자주〉 전쟁, 천재지변, 사회적 소요 등 국가의 존립을 위협하는 사태가 발생했을 때 여타 부서의 권한을 행정부가 "위임"(Vollmacht)받아 초헌법적으로 지배하는 상태를 의미한다. 제2차 세계대전 당시 스위스의 정부가 바로 비상정부였는데 지금 바르트는 이 정부의 "위임"을 비꼬면서 스위스의 안위를 위한 위임보다 더 큰 위임이 있음을 말하고 있다.

받았다. 바르트는 스위스의 출판물이 독일에서는 금지되어 있다는 것을 알고 있었지만, 독일의 압력 때문에 국내에서 벌어지는 일에 대해서조차 침묵을 지켜야 한다면 이는 독일에게 너무 쉽게 굴복하는 것이라 여겼다. 당시 스위스에서 검열이 자행되고 있다는 사실을 국민들에게는 비밀로 부쳤다는 점은 국가적인 수치였다.

> 자유로운 인간에 의해 세워진 자유로운 연방이라는 스위스의 중립국으로서의 정체성은 스위스 내에서 공적 의견이 형성되고, 그 의견이 사실에 대한 공개적인 조망과 공적 표현을 통해 새롭게 형성될 수 있어야만(존속 가능하다)…스위스 정부가 국민들의 입과 귀를 막는 데만 급급하다면 중립성이 과연 무슨 의미가 있단 말인가?[29]

여기가 바르트의 정치윤리의 중요한 측면이 나타나는 대목이다. 바르트에 의하면 민주주의는 자유롭고도 공개적인 논의가 가능할 때, 모든 이들이 현재 진행되는 국가적 사안에 대해 올바른 정보를 취득할 수 있을 때에만 실현 가능하다. 비밀 내각정치와 민주주의는 공존할 수 없다.

더 나아가 바르트는 당시의 외교정책을 비판한다. 공식적인 여행 허가서를 소지하고 여행하는 독일인은 (국가사회주의자라 하더라도) 환영받지만, 공문서를 소지하지 않은 망명자들은 스위스 안으로 들어오지 못하게 하거나 이주자들을 매우 부당하게 대우하는 일이 종종 벌어졌다. 17세기와 19세기에는 "호의적·포용적인 스위스 이주정책"이 실시되었다. 반면 제2차 세계대전 당시의 이민정책은 "현존하는 어려움을 감안하더라도" 특별히 호의적이거나 포용적이지 않다고 말할 수밖에 없다.

마지막으로 바르트는 일정 수준의 양보가 불가피하다는 점을 고려하더라도 스위스가 제3제국에 지나치게 동조하는 경제정책을 펴고 있다고 비판한다. 농업 및 산업 생산물을 수출함으로써 스위스는 "제3제국 노동시장의 부담을 경감시켜주고 있다. 이는 (스위스 국내에서) 수출에 참여하고 있는 인력들이 스위스 밖에서 전쟁준비에" 주력할 수 있도록 돕고 있기 때문이다. 그럼으로써 스위스는 "부당하게도 영국에 대한 전쟁을 간접적으로 돕고 있다." "외부 교역 통계를 공개하지 않고…스위스 민중이 이 사실을 알지 못하게 하는 것"으로 도대체 무슨 선을 행한다는 것인지 바르트는 매우 날카롭게 질문한다. 그에 따르면 "스위스의 행보는 온전한 혹은 절반가량 완성된 전쟁 물자를 외국에" 제공하는 것에 불과하다.

베른 당국은 스위스가 독일 제국에 "8억 내지 10억 스위스 프랑"을 제공함으로써 "전쟁을 주도하는 국가의 재정적 후원자이자 전쟁 조력자가 되어버렸다"는 바르트의 비판에 격분하였다. 스위스가 그 돈을 다시 돌려받을 수 있는지는 전혀 중요한 문제가 아니었다. 더 중요한 것은 "그것이 과연 선한 것인가?"라는 질문이다. 스위스는 이런 식으로 "은연중에 아주 천천히 독립 국가에서 종속적인 국가가"[30] 될 것이다.

이상의 강연은 바르트가 (신학적으로만이 아니라) 정치적으로도 매우 깊은 통찰력을 가지고 있음을 보여준다. 이와 동일한 시기에 나온 정치적 의사표현으로서 두 개의 강연을 더 살펴보도록 하자. 다음은 1942년의 기도의 날(Bettag)에 바르트가 장크트갈렌에서 출판한 8쪽짜리 인쇄물에 담긴 내용이다.

(우리나라의 유산은) 구멍이 나고 말았다.⋯이 구멍은 아주 오랫동안 메워지지 않을 것이다. 우리는 거짓 진리를 고안해낸 다음 그것을 내면화하고야 말았다. 그래서 오늘날 세계를 격동시키고 있는 참과 거짓에 대한 투쟁은⋯우리의 내면까지 결코 스며들지 못하고 있다. 이제 스위스주의란 자기 탐욕적이며, 스스로의 안위와 존속에만 관심을 두는 새로운 정신을 말한다.⋯우리는 자유에 대한 핍박을 막지도, 그에 대한 위안을 주지도 못하는 무기력한 망명법안을 새로이 만들어내고는 그것이 유효하다고 선언하였다.[31]

다음은 그로부터 한 달 뒤인 1941년 10월 22일에 열린 망명자 후원회 회합에서의 연설문 중 일부다.

우리가 망명자들에게 관심을 기울이는 것은 그들이 선하고 가치 있는 인간이라서가 아니라 그들이 오늘날 이 세상에서 가장 비천하고 곤궁한 자들로서, 우리의 문을 두드리고 있는 주님의 가장 친밀한 친구이기 때문이다. 그들은 우리의 관심사가 되어야 한다. 바로 그들이 유대인이기 때문에, 즉 구주이신 예수 그리스도의 육체적 형제이기 때문이다.…망명자들은 우리나라를 법률과 긍휼의 최종 수호지로 여김으로써 (그들이 그 사실을 알건 모르건 간에) 우리를 영광스럽게 한다.…지금까지 마법처럼 숨겨져 있던 것을 우리는 망명자들에게서 발견하고 있다. 지금 일어나는 일들은 우리에게도 최선이 아니다. 하지만 강하고 부유한 자로서 우리가 이처럼 불행한 사람들을 위하는 것이 우리 자신에게도 선한 일이다. 이들을 온 힘을 다해 돕지 않으면서 어떻게 우리의 강함과 부유함을 보존할 수 있겠는가?[32]

당시는 유대인 망명자들이 스위스 국경에서 철저히 차단당하고 있던 시기였다. 오늘날의 시각에서 이 문장을 읽으면 당시 스위스 관료들이 바르트가 그토록 힘겨웠던 시기에 외쳤던 "스위스의 소리"에 귀 기울이지 않았다는 사실이 참으로 유감스럽다.

제2차 세계대전의 종전을 앞둔 무렵의 편지에서 바르트는 연방 정부가 "스위스의 얼굴을 하고 세계 앞에서 자행했던" 일에 대해 스위스인의 한 사람으로서 "모든 시대를 향한 책임을 통감해야 하리라"라고 쓰고 있다.[33] 1946년 성탄절에 「세계주간」(Weltwoche)과 행한 인터뷰에는 더 날카로운 표현이 등장한다.[34] "수용자들에 대한 처우는 너무도 부당한 것이어서"[35] 심지어 라인 강조차도 스위스가 "10만 명의 망명자들에게 행한" 일들을 "씻어내지는 못할 것이다."

제9장
독일과의 새로운 우정을 위하여

"시대적 사건에 대해 방관하면서 침묵으로 일관하는 공동체는 그리스도교 공동체가 아니다."[1] 이는 이 책의 표제어로 채택되어도 좋을 만한 문장이다. 이 신념을 토대로 바르트는 그리스도교 신학자이자 목사로서 언제나 "세상의" 일들에—자펜빌의 목사 시절에는 공장 노동자들의 상황에, 본 대학교 교수로 재직하던 때에는 국가사회주의와의 대결에, 그리고 스위스로 돌아온 뒤에는 국가사회주의의 위협에 대항하기 위해—개입하였다. 위의 인용문은 1944년 7월 23일 오버아르가우 지역의 교회 축제 때 뒤렌로트 교회에서 행한 "이 시대의 역사적 사건 속에서 그리스도교 공동체의 약속과 책임"이라는 연설에 등장한다. 스위스 당국을 난처하게 만들었던 1941년 7월 6일의 "전능하신 하나님의 이름으로"라는 강연 이후로 바르트는 더 이상 정치적 강연을 할 수 없었다(바르트가 정치적 견해를 표할 수 있는 유일한 통로였던 영어 라디오 방송 역시 스위스 당국을 자극했다). (반면 독일의 패전이 가시화되던 때인—역자주) 1943년 1월 4일 장크트갈렌에 있는 장크트 망엔(St. Mangen) 교회를 방문하였을 때, 바르트는 "온건한" 신학적 주제를 다루는 **"교회 안에서의 교제"²**라는 강연을 하였다. 1943년 1월 31일 독일 군대가 스탈린그라드에서 철수하자 전쟁의 판세는 연합군들에게 유리하게 기울었다. 그리고 1944년 6월 6일 노르망디 상륙작전이 실행된 후로 바르트는 정치적 발언권을 되찾았다.

1944년 7월 23일의 강연에서 바르트는 하나님은 우리로 하여금 "시대적 사건들에 참여케 하시고" 또한 그럴 수 있는 "시간을 허락해주셨다"고 말한다. 하나님께서 우리에게 그것들을 허락하신 까닭은 우리로 하여금 "그 모든 일들에 대해 무관심한 척 행동하게" 하기 위함이 아니다. "마치 스스로가 인간이 아닌 것처럼 행동하면서" "인간적인 사건들에 주목하지 않는" 사람은 "분명 신적인 것 역시" 놓치게 될 것이다.³ 칼 바르트가 보기에 하나님이 예수 그리스도 안에서 인간이 되셨다는 그리스도교 신앙고백에 따르면 신적인 것과 인간적인 것은 서로 분리될 수 없이 결합되어 있다.

그리스도교 공동체는 너무 조금 일하기보다는 연약한 자들을 위해 세 배는 더 열심히 일해야 한다. 권리와 자유가 위협당하는 곳에서는

편안한 침묵보다는 차라리 불편하더라도 목소리를 높여야 한다!⁴

이 문장은 바르트가 뒤렌로트에서 행한 강연에 등장하는데, 바르트는 1955년에 이에 대해 다시 한 번 해설을 덧붙인다. "지나치게 자기중심적인 그리스도교"의 오해와는 달리 "회개와 갱신"은 "그 자체가 목적"이 될 수 없다. 개인이 "자기 자신 때문에, 그리고 자기만을 위하여" 회개하고 "주님이신 하나님께로" 돌이키지 않는 회개로는 충분치 않다. 지상에서의 하나님의 일(Sache)을 위한 "봉사" 그리고 전 "우주"를 향해 이 일을 "증언"하기 위해 행동하는 회개가 요구된다.⁵ "총체적 회개와 갱신을 통해…인간은 자기 자신과 더불어…공적 책임"을 지닌다.⁶ 이것은 바르트의 삶 전체를 관통하는 주제들 중 하나다.

전쟁이 끝나갈 무렵 바르트는 당시로서는 새로운 질문에 집중한다. 독일의 패망과 국가사회주의의 몰락은 시간 문제였다. 따라서 독일과의 관계가 새로운 핵심 주제로 다뤄져야만 했다. 이제 스위스인들 사이에는 국가사회주의적 독일, 혹은 독일 전체를 거부하거나 저주해야 한다는 공감대가 형성되어 있었다. 바르트는 그 당시의 일화를 다음과 같이 전한다.

바젤에서 있었던 일이다. 알자스 지역에서 피신 온 망명자들의 행렬이 길게 이어졌다. 이들 가운데 섞여 있던 일단의 독일군 패잔병들이 국경을 넘어왔다. 한 독일 친위대 장교가 이를 제지하려 하자 군인들은 그를 총으로 쏘아 죽였다. 그들은 분명 전쟁뿐만 아니라 히틀러에 대해서도 질려 있었다. 하지만 그들은 여전히 독일군 복장을 하고 있었다. 도시 입구의 거리에 모여 있던 스위스 군중들은(특히 여성들은) 독일군 군복을 입었다는 이유로 이들을 비난하고 조롱했으며, 이들을 향해 침을 뱉는 사람도 있었다.[7]

1930년대 말과 1940년대 초반에 바르트는 독일에 대한 저항을―심지어 무력저항을―끊임없이 주장했다. 하지만 전쟁이 끝나자 바르트는 정치적으로 완전히 다른 입장을 취한다. 바닥까지 떨어진 독일 민족의 인간성 역시 보호받아야 하며, 이들 역시 무차별적 복수심의 대상이 되어서는 안 된다는 것이다. 뒤렌로트에서의 강연에서 바르트는 "우리의 죄에 대한 예수 그리스도의 용서"의 대상에는 독일인들은 물론 "최근 몇 년간 우리에게 일어났던 가장 경악스러운 일들을 초래한 사람도"―이는 히틀러를 가리킨다―포함된다고 말한다.[8] (이 강연은 1944년 7월 20일에 거행하기로 했던 히틀러 암살모의가 실패한 지 3일 후에 행해졌다.)

특히 "독일인들과 우리"라는 제목의 강연에 주목할 필요가 있다. 바르트는 1945년 1월과 2월에 이 강연을 프랑스어와 독일어로 꾸베, 노이엔부르크, 쇠넨베르트, 로어바흐, 올텐, 아를레스하임, 아라우, 제네바, 레 로클, 베른, 글라루스, 그리고 마지막으로 장크트갈렌에서 행했다.[9] 갈렌의 거대한 라우렌첸교회(St. Laurenzenkirche)는 청중으로 가득 찼다.[10] 매우 긴 시간 동안 이루어진 강연임에도 청중들은 숨죽인 채 바르트의 말에 귀를 기울였다. 같은 강연을 여러 지역에서 펼쳤다는 점에서 바르트가 이 강연을 얼마나 중요시했으며, 대중들 역시 당시로서는 낯선 사유방식에 얼마나 많은 주의를 기울였는지 알 수 있다. 바르트는 나락으로 떨어진 독일의 내부 상황을 묘사하면서 이렇게 주장하였다. **지금 독일 민족에게는 이웃의 우정이 절실히 필요하다.** "어떠한 이유로도 하루 종일 분노를 품고 있는 것을 정당화"[11]할 수는 없다. 사람들은 "독일의 노동자와 농부, 목사, 여성들이 오늘날 어디에 있으며, 어디에서 그들을 발견할 수 있는지" 알지 못한다.[12] 독일인들은 "친구들"을 필요로 하며,[13] 스위스인들에게는 그들의 새로운 친구가 되어주어야 할 책무가 있다.[14] 물론 바르트는 독일 민족의 운명을 다룰 때 "죄"라는 단어를 사용할 수밖에 없다는 점을 부인하지 않았다.[15] 바르트는 독일 민족의 문제에 대해 감상적이거나 무른 태도로 접근하지 않았다. "건강한 우정" 속에서도 때로는 상대방과 대립할 수 있다. 만일 그 대립이 **"상대방을 위한"** 것이라고 말할 수 있으려면 "아주 구체적인" 목적이 있어야 한다.[16]

마태복음 11:28을 토대로 한 바르트의 **독일인들을 향한 그리스도의 연설**에는 무척 놀라운 내용이 담겨 있다.

사랑이 부족한 이들이여, 너희 히틀러의 유소년들, 야만적인 나치 친위대들이여, 사악한 게슈타포들과 불행한 공모자와 협력자들이여, 대중들이여, 그토록 오랫동안 어리석게도 지도자의 뒤를 따랐던 이들이여, 내게로 돌아오라! 죄인들과 공범자들이여, 지난 행위에 대한 대가를 치르고 있는 자들과 앞으로 치르게 될 자들이여, 내게로 돌아오라! 내게로 돌아오라. 나는 너희를 잘 알고 있으나, 너희들이 누구이며 과거에 무슨 일을 했는지 묻지 않는다. 나는 단지 너희들이 최후의 순간에 서 있으니 원하건 원하지 않건 간에 처음부터 다시 시작해야 한다는 사실을 안다. 나는 너희들을 다시 새롭게 할 것이다. 너희들과 더불어 나는 이제 원점에서 다시 시작하리라!⋯나는 너희들을 위하여 존재하는 너희들의 친구니라![17]

여기에는 독일의 악행에 대한 고발과, 자유로운 은총에 근거한 새로운 시작에 관한 요구가 놀라우리만큼 강하게 결합되어 있다.

자신의 긴 강연의 두 번째 부분에서 바르트는 엄중한 태도로 제2차 세계대전 기간에 스위스가 저지른 악행을 나열한다. "스위스의 공식적인 얼굴은" (불행히도) "최근 몇 년간은 대단히 교활"했다. 그것은 "지나치게 교활하였다." 스위스인들은 "몇 년 동안 오직 스위스인으로만 살았을 뿐 선한 유럽인으로서"의 정체성은 잊고 있었다. 바로 그 점 때문에 그들은 "몇 년간 참으로 선한 스위스인

답게 행동하지도, 그러한 성향을 드러내지도 않았다."[18]

> 만일 "하나님께서 독일인들을 불쌍히 여기시기를!"이라는 기도가 진
> 정한 의미에서 *Miserere nobis!*(우리를 불쌍히 여기소서!)에 근거를
> 두고 하나님께서 우리 모두를 불쌍히 여기시기를 기도하는 것이 아
> 니라면, 그것은 기도로서 매우 부적절할 것이다.[19]

이 연설의 가장 큰 특징은 독일에 대한 노골적인 비방이 조금
도 나타나지 않는다는 점이다. 물론 바르트가 **국가사회주의의 "비
인도성"**을 날카롭게 비판하는[20] 것은 사실이지만 그는 결코 독일
에 대하여 거들먹거리면서 훈수를 두는 듯한 태도를 취하지 않는
다. 그는 진정한 친구로서의 대화를 시도하고 있다. 왜냐하면 그
는 스위스와 스위스인들의 약점과 그들이 저지른 악행도 익히 알
고 있었기 때문이다.

이제 다음의 일을 간단히 살펴보도록 하자. "독일인들과 우리"
라는 바르트의 강연은 전후 독일에도 알려졌으리라. 독일에서는
(모두가 그랬던 것은 아니지만) 많은 이들이 바르트가 그들을 향해 내
민 손을 잡지 않았고, 그의 손을 잡은 사람들도 그의 주장을 일부
만 받아들였다. 바르트는 독일 민족에 대한 그의 비판이 너무 심
하다고 비방하는 편지를 많이 받았다. 학문사에도 중요한 족적
을 남긴 구약학자 프리드리히 바움개르텔(Friedrich Baumgärtel)은

1958년에 다음과 같은 말로 바르트를 향해 비판의 칼날을 세웠다.

대체 칼 바르트라는 자가 누구이기에 멸망 중에 서 있는 우리 독일인들을 공격하는가?…자기가 알지도 못하는 세계를 향하여…훈계하듯이 말하기 전에…차라리 그가 침묵하였더라면…그는 전장의 공포를 체험한 적도 없고, 말로 표현할 수 없는 군인의 고통을 겪어보지도 못했다. 그는 수년에 걸쳐 심장을 도려내고 모든 인간적 기쁨을 마비시키는 억압을 경험한 적도 없고, 군복무 중에 모든 인간성을 박탈당해본 적도 없다. 폭격을 당해 흔들리고 먼지로 가득 찬 벽장 안에 갇혀 숨쉬기조차 어려운 고통을 당해본 것도 아니다. 그는 잠들지 못하는 고통을 한 주는 고사하고 단 하룻밤도 겪어본 적이 없으며, 굶주린 적을 눈앞에 둔 적도, 추위에 떨어본 적도 없다. 자기 자식을 히틀러의 소년부대로, 작업현장으로, 전장으로 보내본 적도 없다. 그러니 그가 그저 조용히 오랫동안 자신이 전혀 알지 못했던 세상에 귀 기울였더라면, 그래서 당시 독일에 있던 사람들을 티끌만큼이라도 이해할 수 있었다면!…1945년 초에 우리 독일인들을 공격했던 칼 바르트는 대체 누구란 말인가![21]

테오필 부름[22] 주교 역시 이와 비슷한 반응을 보였다. 부름 주교는 자신의 인생을 회고하면서 칼 바르트를 가리켜 "전체주의적" 사상의 소유자라고 비판했던 사람이다. 부름은 1934년에 바르트가 수행한 역할을 언급하면서 자신은 "국가와의 평화로운 관계"를 모색하려는 입장이었다고 주장했다. 반면 부름은 "바르트의 사상대로라면" 유감스럽게도 "교회 내부에서 자유주의 정신을 용인"하는 것은 불가능하다고 보았다. 부름은 바르트의 신학이 "전체주의적 국가"와 너무도 "유사"하다고 생각했다. 즉 바르트가 "중도노선"을 따를 수 없었던 것은 그 "역시 전체주의적으로 사유"하였기 때문이라는 것이다.[23] 하지만 그 어떤 설명을 더한다 해도 인간을 멸시하는 국가사회주의가 그리스도교 신앙과 연합할 수 있는 방법은 있을 수 없다.

바르트에 대해 독일인들이 얼마나 깊은 "유감"을 보였는지 알 수 있는 사례가 하나 더 있다. 오늘날 바르트에 대한 독일인들의 인식을 형성하는 데 기여한 『하나님과 관계된 일』(Die Sache mit Gott)이라는 책에서 독일의 저술가 하인츠 차른트(Heinz Zahrnt)는 이렇게 말했다. "민감한 정치적 문제들에 대한 바르트의 표현들은 **정치적 측면을 고려하지 않은 채 그 자신의 뚜렷한 신학적 입장을 충격적일만큼 솔직하게 드러냈기에** 매번 독일 시민들의 정서를 자극하였다."[24] 차른트는 바르트의 정치적 입장들을 상세히 구분하지 않고 각각을 단지 일방적, 급진적, 놀라운, 상상력 깊은[25] 등의 말을 이용해 묘사하였다. 하지만 이 형용사들은 이중적 의미를 내포하고 있다. 차른트에 따르면 바르트는 "하나님이 인간이 되셨다는 것"에 대해 "실제로는 전혀 알지 못했으며, 그에게 하나님은 진정 역사 가운데로" 들어오신 것이 아니었다.[26] 차른트는 바르트가 "체계적 사상가"라기보다는 "예언자"로 간주되어야 할 인물이라며[27] 그를 깎아내렸다. 『교회교의학』의 "형식주의적 과장과 인위성"은 칼 바르트 신학의 "저변에 놓여 있는 근본적 오류", 즉 "몰역사성"을 드러낼 뿐이다. 차른트는 이를 가리켜 "바르트 신학 전체의 주된 결핍"이라고 평가하였다. "정치윤리에 있어서" 이 몰역사성은 "세계의 구조에 대해 전혀 고려하지 않은 바르트의 그리스도교적·정치적 결정과 행위들의 묘사" 속에 드러난다.[28] 그러나 차른트는 『로마서 주석』을 선보인 시기에 나타나는 바르트의 특히 "급진적인" 진술들을 그 시대적 맥락으로부터 분리한 채 일방적으로 강조했고, 하나님이 인간이 되셨다는 사실이 『교회교의학』에서—또한 『하나님의 인간성』[29]에서—중심적으로 기능한다는 점을 이해하지 못했다. "몰역사성"은 바르트에게 적용하기에 참으로 부적절한 개념이다. 바르트에 의하면, 하나님은 그리스도 안에서 역사 속으로 들어오심으로써 스스로를 역사라는 조건 가운데 내던지셨다. "하나님은 모든 상대적인 것과 달리 단지 절대적으로, 모든 유한성을 배제한 가운데 단지 무한하게, 모든 낮은 것들과 달리 단지 높은 곳에서, 모든 수난과 무관하게 활동하면서, 어떤 시험에도 전혀 접촉되지 않으면서, 모든 내재적인 것과 반대로 단지 초월적으로 모든 인간적인 것과 대립하면서 철저하게 단지 신적으로만" 존재한다는 잘못된 견해는, 바르트의 견해에 의하면 "용납될 수 없고, 주객이 전도되어 있으며, 이교적"[30]인 것이었다. 제2차 세계대전 이후 바르트가 그들이 처해 있는 구체적인 상황을 고려하여 독일 민족에게 다가가고자 온 힘을 다해 노력했음을 감안할 때, "그의 시도에 대해 고마워하지 않는 세상은 그 대가를 치를 것이다"라는 말이면 충분한 설명이 될 것이다.

바르트가 1946년과 1947년 여름학기에 본에서 가르쳤다는 사실은 독일을 향한 바르트의 사심 없고 진실한 우정을 보여준다. 그는 자신이 1935년에 비방과 조롱을 당하고 쫓겨난 곳으로 돌아온 것이다. 종전 후 바르트는 수많은 독일 학생들 앞에서 『교의학 개요』와 『하이델베르크 신조에 따른 그리스도교 교리』에 관한 강의를 펼치기도 했다.

제10장

동서 진영 사이에서

제2차 세계대전 종전 이후 국제정세와 대중의 의식은 급격히 변화하였다. 얄타회담의 결과로 스탈린 치하의 소련은 서방 진영에 대항하여 소련에 종속된 위성국가들의 연합체를 구축하였다. 한때는 국가사회주의가 세계 질서의 가장 큰 위협이었지만 이제는 동서 진영의 충돌이 문제가 되었다. 많은 사람들은 칼 바르트가 국가사회주의에 저항할 때와 마찬가지로 공산주의에도 적극적으로 반대하리라고 기대했지만 그들은 곧 실망에 빠졌다. 이후 바르트의 강연이나 논문에서 그 같은 견해가 조금도 드러나지 않았기 때문이다. 이에 대해 취리히의 신학자 에밀 브룬너는 바르트에게 "어떻게 이해해야 하는가?"라는 제목의 공개서한을 보내면서 바르트의 신학적 동료들은 "소련 치하의 교회가 직면한 문제들에 관한 그의 입장"[1]에 대해 심려하고 있다고 밝혔다. 바트빌(Wattwil)의

한 교회 지도자는 브룬너보다 한걸음 더 나아가 "칼 바르트의 교회는…공산주의와 공모한다"고까지 주장하였다.[2]

베른시의 정부 관료이자 1952년부터 스위스 연방정부 소속이었던 마르쿠스 펠트만(Markus Feldmann)의 비판은 (그의 높은 지위 때문에) 더욱 무게감 있게 느껴진다. 그는 1950년 9월 13일 베른 의회에서 칼 바르트 신학의 대변인들이 "공산주의에 대하여 특히 온건한 중립성을 표방할" 뿐만 아니라 "우리나라의 자유민주주의적 토대에 대해 특히 냉담"하다고 평가하였다. 펠트만은 이와 더불어 "칼 바르트 교수가 1949년 2월 6일 교회주일(Kirchensonntag)에 의아하게도 스탈린에게 고개를 숙였다는" 사실을 거론하였다.[3] 칼 바르트의 **진정한** 의도는 무엇일까? 아래에서 다룰 "교회주일"에 행한 강연 중 다음과 같은 내용이 큰 파장을 불러일으켰다.

> 마르크스주의를 제3제국의 "사상적 틀"과 비교하고, 이오시프 스탈린(Iosif Vissarionovich Stalin) 같은 큰 인물을 히틀러(Adolf Hitler), 괴링, 헤스, 괴벨스, 히믈러, 리벤트로프, 로젠베르크, 스트라이허 등과 같은 협잡꾼들과 한데 묶어 언급하는 것은 무의미한 짓이다.[4]

오늘날의 시각에서 이 단락을 살펴보면 "이오시프 스탈린 같은 큰 인물"이라는 표현은 분명 과한 점이 있다. 에밀 브룬너에서부터 마르쿠스 펠트만에 이르는 그의 비판자들이 격앙된 반응을 보일 만도 했다. 알렉산드르 솔제니친의 『수용소 군도』(독일어로는 1974년에 출판)의 출간 이후 오늘날에는 스탈린이 지독한 독재자였다는 사실이 보편적으로 알려져 있다. 1930년대에 모스크바에서 있었던 공개재판을 염두에 두었다면 1949년에 이미 스탈린의 실상을 알 수 있었을지도 모른다. 하지만 바르트가 습관처럼 수사학적 과장법을 사용한다는 점을 고려해야 한다. 칼 바르트의 글을 **주의 깊게**, 아무런 악의 없이 읽는다면 그가 스탈린주의자였다고 주장할 수는 없을 것이다.

바르트는 이미 1938년에 요제프 로마드카에게 보낸 서한에서 아돌프 히틀러의 위협에 직면한 상황에서 "러시아의 지원 가능성"을 고려해서는 안 된다고 쓴 바 있다. 왜냐하면 그것은 "바알세불을 이용해 귀신을 쫓아내는 것과 마찬가지기 때문이다."[5] 바알세불은 악마일 따름이다! 이와 유사한 바르트의 진술은 무수히 많다.

우리는 "이오시프 스탈린 같은 큰 인물"이라는 표현이 담긴 단락 **전체**를 먼저 읽어야 한다.

공산주의를 10년 전 국가사회주의에 대해 했던 것과 똑같이 평가할 수는 없다. 국가사회주의가 말하고 **그리고** 의도했던 것은 전적인 비이성이자 광란과 범죄의 출몰이었다. 마르크스주의를 제3제국의 "사상적 틀"과 비교하고, 이오시프 스탈린(Iosif Vissarionovich Stalin) 같은 큰 인물을 히틀러(Adolf Hitler), 괴링, 헤스, 괴벨스, 히믈러, 리

벤트로프, 로젠베르크, 스트라이허 등과 같은 협잡꾼들과 한 데 묶어 언급하는 것은 무의미한 짓이다. 소비에트 러시아에서—그것은 실로 추악하고 피로 물든 손에 의해 부당한 방식으로 진행되는 것처럼 보이지만—의도되었던 하나의 건설적인 이념은 여전히 우리에게 진지하면서도 시급하게 필요한 질문이다. 그것은 아직 손을 더럽히지 않은 우리조차 아직도 충분히 열정적으로 파악하지 못했던 **사회적 질문**이다.···서구에 경제위기를 조장할 "자유"가 남아 있는 한, 지구 한쪽에서는 곡물을 "자유"롭게 바다에 쏟아버리는 한편 다른 한쪽에서는 기아가 발생하는 한, 그리스도인인 우리에게는 동구권을 부정할 권리가 없다.[6]

이 텍스트를 천천히 주의 깊게 읽어보면 그가 스탈린주의(혹은 스탈린주의의 포악한 행위)를 정당화하고 있는 것이 아님을 손쉽게 알 수 있다. 칼 바르트는 분명히 공산주의 정권의 "추악하고 피로 물든 손들"을 거론한다. 하지만 마르크스주의와는 달리 아리아 영웅 신화와 파괴적인 반유대주의로 무장한 국가사회주의에는 선한 의도가 전혀 개입되지 않았다는 것이 바르트의 견해다. 특정한 민족과 인종은 **본질적으로** 살 가치가 없다는 입장에서 출발하는 국가사회주의는 근본부터 악하다. 반면 (이오시프 스탈린이라는 개인이 아니라) 마르크스주의는 어쨌거나 그 시초를 거슬러 올라가 보면 본디—특히 청년 마르크스의 파리 초고들에서는—높은 이상을 품고 있었다. 초기 자본주의 시기에 공장 노동자들이 겪어야 했던 고초와 신음에 대한 마르크스의 분노는 정당한 것이다.

주저인 『자본론』(Das Kapital)에서 마르크스는 "9-10세의 어린 이들을 새벽 2-4시에 더러운 침대에서 강제로 깨우는" 현실을 묘사하고 있다. 그들은 기초 생계비를 벌기 위해 "밤 10-12시까지 노동해야만 한다. 신체의 일부가 떨어져나가고, 몸은 심각하게 야위어간다. 그들의 표정과 인간으로서의 본질은 동면 상태의 화석처럼 완전히 굳어져서 바라보기에도 역겨울 지경이다."[7] 칼 마르크스는 당시의 참혹한 실상을 가장 날카롭게 분석하였고, 자신이 묘사하고 있는 문제들을 해결하는 데 참고가 될 만한 모델을 고안해냈다. 20세기 러시아에서 마르크스주의가 비인간적인 시스템으로 전락하여 끝내 몰락해버리고 만 것은 (비록 마르크스가 후기에 들어서는 다소 경직된 경향을 드러내고 있다 해도) 그 이데올로기를 주창한 사람의 뜻과는 무관한 귀결이다. 로자 룩셈부르크(Rosa Luxemburg, 1871-1919)는 마르크스의 사상이 러시아에서와는 다른 방향으로도 발전할 수 있었다는 사실을 보여준다. 결과야 어떻든 간에 **사회적 질문이 존재한다는 사실만은 분명하다!**

칼 바르트는 특히 사회적 질문에 각별한 관심을 기울였는데, 바로 그 때문에 그는 마르크스주의와 국가사회주의를 동등한 수준에서 다루는 것을 거부했다. 1950년대의 바르트 비판자들은 바르트가 동구권에 실존하였던 사회주의를 낭만적으로 지지한 적이 없다는 사실을 간과하고 있다. 당시 많은 이들을 격분하게 만들었던 위의 연설에서 이오시프 스탈린을 언급하기 직전에 바르트는 현재 러시아를 지배하고 있는 공산주의는 "혐오와 공포를 야기"하며 "아시아적 전제주의와 교활함, 난폭함"의 완성에 불과하다고 말했다.[8] 바르트의 이 같은 시각은 1948년 에밀 브룬너에게 보낸 답신에서도 동일하게 나타난다. 여기에서 그는 "소비에트 권력의 지배 아래 있는 인간의 삶과 소비에트 권력에 의해 부과된 '대중민주주의' 가운데에는 존중 또는 수용할 만하거나, 혹은 선하다고 할 만한" 삶의 형태가 있다고 보지 않는다고 확언하고 있다. 그것들은 "정의와 자유에 대한 우리의 신념들"과 대립한다. 바르트에게서 공산주의적 시스템 및 방안에 대한 "정치적 거부"를 기대하는 사람은 "즉시 그것들을" 발견할 수 있다.[9] 공산주의 시스템은 하나의 "악행"이며, 그 사실을 들여다보기란 그리 어려운 일이 아니다.[10]

바트빌의 교회지도자의 연설에 대하여 바르트는 1948년 12월 23일에 "공산주의가 결코 선하다고 보지 않는다"고 대답하였다. 그는 사람들이 대체로 공산주의에 대해 지나치게 격앙된 반응을 보인다고 생각했다. 오히려 그는 "마치 공산주의를 반대하기 위해서라면 무엇이든 감내할 수 있거나, 마치 그 일을 통해 상황이 개선될 수 있고, 다른 이들을 돕게 될 것처럼" 흥분하고 있는 현실을 거부하는 것이다. 그는 "공산주의에 대한 모든 **공포**를 거부한다.

선한 양심을 가지고 있으며, 민주적·사회적 삶이 제기능을 하고 있는 민족은 공산주의를 두려워할 필요가 없다. 예수 그리스도의 복음을 확신하고 있는 교회라면 더더욱 그렇다."[11]

1950년 10월 17일에 독일의 한 신학자에게 보낸 편지에서도 마찬가지의 논조가 유지되고 있다. "공산주의를 원치 않는 사람은—우리 중 공산주의를 바라는 사람은 아무도 없다—공산주의를 반대할 것이 아니라 진정한 사회주의가 실현될 수 있도록 앞장서야 한다!" 공산주의에 대항하는 "가장 근본적이고 실질적인 최후의 방책은…모든 계층의 국민들을 위하여 정의롭고 타당한 사회적 관계를 형성하는" 데 있다.[12] 바르트가 거부한 것은 **싸구려** 반공주의였다.

당시 스위스에서는 동구권 교회들에 대한 무분별한 표현들을 남발하고 있었다. 바르트는 이를 지켜보면서 한 국가의 지리적 위치에 따라 상이한 판단 기준을 적용해서는 안 된다고 생각하였다. 동구권의 교회들에 가해지는 주된 비판은 소속 국가의 정치 시스템에 대해 목소리를 높이지 않는다는 것이었다. 하지만 이런 주장을 하는 서방진영의 인물들 중 정작 자신의 조국의 일에 대해 용감하게 입장을 밝히고 나섰던 사람은 아무도 없었다. 이들은 국가사회주의의 위협이 한창이던 시기에 아무런 비판을 하지 않고 무사히 살아남은 사람들이었다. 바르트는 "헝가리의 그리스도인들이 결단하여 (소비에트 러시아에 대한 불복종을 포함하는) 조치를 취하기를 주장하는" 자들을 겨냥해, 만일 그들이 동구권에 살았더라면 감히 그런 "시도를 해보지도"[13] 못했을 것이라는 점을 날카롭게 꼬집었다.

칼 바르트가 보기에 많은 사람들의 우려와는 달리 공산주의는 1950년대의 스위스에 그다지 큰 위협이 아니었다. 국가 내의 사회적 관계가 어느 정도 원활하게 돌아가는 한—스위스가 바로 그 경우였는데—공산주의는 한 사회가 봉착할 수 있는 가장 큰 위험이 아니었다.

1966년 5월, 80세가 된 바르트는 한 방송과의 인터뷰에서 국가사회주의에 대해 단호한 태도를 취했던 것과는 달리 공산주의를 명확히 부정하지 않은 이유가 무엇이냐는 질문을 받았다. 바르트는 자신이 "공산주의 국가에 살지 않기 때문"[14]이라고 대답하였다. 그에 따르면 서방세계의 위험은 "공산주의가 결코 아니다." 위험은 정작 모든 사람이 추구하는 "안락함" 가운데 도사리고 있다. 삶의 깊은 측면을 망각하게 할지도 모를 위험 말이다. 바르트는 "그러지 않아도 불 속으로 볏짚을 짊어지고 가려는 사람은 없었다. 공산주의에 반대하지 않을 사람이 어디에 있겠는가?"라고 말했다.[15]

1959년 6월 3일 바르트는 초펑기아 협회에서의 대담에서 "말하자면 모든 사람이 공산주의에 관해 의견을 같이하고 있는 사회에서…똑같은 소리를 내고, 똑같은 비방글을 쓰는 것"은 불필요한 일이라고 말했다. "국가사회주의 시대"에는 상황이 달랐다. 그때에는 유럽 전역에서 많은 이들이—"진정으로 매혹되었건 침략에 대한 공포 때문이었건 간에"—국가사회주의에 대해 "유연해지고", 현 상황에 "적응하도록 권유"하고 있었기 때문에 "매우 심각한 위험"이 실존했다.[16]

같은 해 11월 18일 바르트는 초펑기아 협회에서의 대담에서 손해볼 것도 없고 도와줄 필요도 없을 때 비난만 늘어놓는 것은 가장 나쁜 짓이라고 말하였다. 제2차 세계대전 당시에는 "독일인들을 자극하지 않기 위한" 비열함만이 지배적 기류를 형성했다. 항거했을 경우 "경제적 불이익을 감수해야만 했었던…에티오피아 갈등"*이 벌어졌을 때도 상황은 마찬가지였다. 칼 바르트는 "소비에트가 보덴제에 서 있었다면 내가 목소리를 높였을 것"이며, 그렇다면 아마도 그는 그 일을 하는 "유일한 스위스인"[17]일 것이라고도 말했다. 물론 마지막 말은 농담이다.

1989년 공산주의가 몰락하기 전까지 (동구와 서방 진영 모두에서) 공산주의의 옹호자들은 "완전한 사회가 이루어지는 날이 올 때까지 오늘의 세대는 '희생'을 치러야만 한다"고 주장하였다. "대패질을 할 때에는 대패밥이 떨어지게 마련이다"라는 말은 국가사회주

---

* 〈역자주〉 1935년 10월부터 1936년 5월까지 진행되었던 이탈리아와 에티오피아 간의 전쟁을 가리킨다. 이 전쟁으로 에티오피아 왕조가 붕괴되었고, 에티오피아는 파시즘에 사로잡혀 있던 이탈리아의 동아프리카 식민지로 전락하고 만다.

의에 의해 인권이 침해당할 때 자주 쓰였던 표현이다. 1946년 여름에 바르트는 이런 식의 사고방식에 다음과 같이 항의하였다. "오늘날의 인간과 인권, 인생이…미래 세대의 고양과 복리를 위하여…짓밟혀서는" 안 된다.[18] 법률이 단지 추상적인 형식으로만 다스릴 뿐 "인간의 법률로서 인간에 대한 제약과 보존"을 위해 사용되지 않는다면 그 법은 "불법"이 되고 만다.[19] 인간은 "가장 하찮은 인물이라 할지라도(인간적 이기심 때문이 아니라, 인간성 때문에) …사물에 불과한 것에 의해 자행되는 독재에 반하여 굳건히 수호되어야만 한다." 인간이 "사물을 섬기는" 것이 아니라 사물이 "인간을 섬긴다."[20] 이러한 표현들은 (스스로 선한 의도라 포장하든 그 의도가 **참**으로 선하건 아니건 상관없이 발생하는) 모든 종류의 인권 침해를 **일반적**으로 거부하고 있다. 동시에 그것은 스탈린주의에 대한 분명한 거부이기도 하다.

이 문제에 대한 또 다른 측면을 살펴보자. 칼 바르트는 반공주의자들과 같은 목소리를 내지 않았다는 이유로 서방진영으로부터 많은 분노를 샀다. 하지만 그는 완전히 다른 언어를 사용하여 철의 장막 뒤의 친구들과 이야기하였다. 특히 바르트는 당시 공산주의라는 격랑에 빠져 있던 헝가리의 개혁교회와 긴밀히 교류하였다. 헝가리 대학생들 앞에서 바르트는 헝가리의 미래를 위하여 어떤 형태의 국가를 추구해야 할 것인지 숙고할 것을 촉구하였고, "만일 향후 스위스에서와 같이 자유롭게 교육받고 스스로를 표현하는 민족의지를 위해 수립된 연방제적 법치국가를 위한 공간이 보장되지 않는다면", 헝가리의 미래는 결코 밝을 리 없다고 주장하였다. "예수 그리스도에 대한 복음, 자유로운 은총에 대한 소식, 그리고 믿음 안에서 만물의 주인이자 사랑 가운데 있는 만물의 종, 즉 그리스도인에 대한 말씀이 들리지 않는 미래에 선한 날이 올 리가 없을 것이다."[21] 여기서 칼 바르트는 분명 스위스식의 민주주의를 지지하고 있다. 신앙과 양심의 자유, 다양한 의견의 보장은 그에게 있어 두말할 나위 없이 소중한 것이었다. 정치적 입장이 상이한 사람들 사이의 자유로운 토론을 억압하는 것 역시 있을 수 없는 일이다.

이 주제와 관련한 텍스트 중 특히 바르트가 1948년 3월 헝가리의 여러 지역에서 행했던 "국가질서의 변화 가운데 있는 그리스도인 공동체"라는 강연을 주의 깊게 살펴볼 필요가 있다. 바르트는 이 강연의 서두에서부터 "악마화된 선전·선동의 용어"[22]를 쓰는 것을 반대하였다. 그는 개별 사안에 대한 사람들 사이의 열린 대화를 중요하게 여겼다. 또한 국가형태와 관련해서는 다음과 같이 말한다. "완전한 국가질서"는 있을 수 없지만 "상대적으로 더 낫거나, 나쁜 국가질서"[23]는 있다. 기독교적 관점으로부터 정치에 대해 숙고해본 사람이라면 언제나 **"그렇다면 인간은 어떻게 되는 것일까?"**[24]라는 질문을 하게 마련이다. 기독교 공동체는 모든 사람을 "인간으로 보고, 기호의 담지자 혹은 하나의 '사태'의 모형이나 대리인으로 여기지 않는다." "나는 함께 증오하기 위해서가 아니라, 함께 사랑하기 위해 존재한다."[25] 마지막 문장은 소포클레스의 비극 『안티고네』에서 인용한 것이다.[26] 헝가리 여행 중에 바르트는 놀랍게도 스스로를 유럽 인문주의의 전통과―앞에서 칸트(Immanuel Kant)를 인용한 문장을 기억해보라[27]―결합시키고 있다.

이는 정치적으로 몹시 힘겨운 상황에 처한 헝가리에서 행한 강연인 만큼 "국가질서의 변화 가운데 있는 그리스도인 공동체"에서는 추상적 의견을 표명한 반면(그때는 그럴 수밖에 없었다), 이어지는 토론에서는 훨씬 더 구체적인 주장이 나온다. 국가란 "인간의 자유로운 책임을 통해…담지되어야 한다."[28] 올바른 국가란 "질서, 자유, 공동체, 권력, 책임" 등의 개념들이 균형을 이루는 국가다. 이 요소들 가운데 그 무엇도 "절대화되어" 다른 개념들을 압도해서는 안 된다. "오직 개인의 자유만이 유효한 국가는 법치국가가 아니라 무정부주의로 탈선할 우려가 있다." 권력이 국가를 다스리는 유일한 수단이 되는 국가는 결코 "법치국가"가 아니며 실은 "전제국가"라 할 수 있다. "혹은 오직 공동체성이라는 원리만으로 작동하는 국가가 있다면 그런 나라는 개미왕국이지 법치국가가 아니다."[29] 마지막 문장은 분명 도가 지나친 민족주의와 사회주의를 겨냥하고 있다.

1946년의 강연 "그리스도인 공동체와 시민 공동체"에 나타나는 문장에도 이와 유사한 의미가 담겨 있다. "시민 공동체" 혹은 국가는 "한 지역, 한 지방, 한 나라에 속한 모든 인간들의 공공조직 (Gemeinwesen)이다." 시민 공동체의 본질은 모든 이들이 모두에게 "같은 방식으로" 유효하고 구속력을 가지며, 강제력에 의해 보호되고 집행되는 "법질서"를 통해 서로 결합되어 있다는 사실이다. 국가의 목표는 "개인의 외적·상대적·잠정적 **자유**뿐만 아니라, 그 공동체의 외적·상대적·잠정적 **평화**를 보호하는 것이며, 그러한 공동생활의 외적·상대적·잠정적 **휴머니티**를 보호하는 일이다." 이러한 보호활동은 "입법", "통치 및 행정", 그리고 "사법"이라는 "세 가지 중요한 형태들"을 통해 수행된다.[30] 바르트는 여기서도 역시 조금의 망설임도 없이 인문주의와 계몽주의의 전통, 특히 존 로크(John Locke, 1632-1704), 몽테스키외(Charles-Louis de Secondat, 1689-1755), 임마누엘 칸트(Immanuel Kant, 1724-1804) 등의 정치적 자유주의를 연결시키고 있다. 바르트는 "세속 사회와 그리스도교 공동체를 철저히 구별하려고만 하지 않았다. (이를 일방적으로 구별한다면 그것은 정치적인 것을 자기 자신의 고유한 법칙성으로 내던지는 것에 불과하며, 모든 그리스도인들의 도덕성을 오직 각자의 사적 양심에 귀속시켜버리게 된다.) 이와 달리 (바르트는) "그리스도인 공동체와 시민 공동체 간의 유비(Analogie)를 드러내고자 하였다."[31] 시민 공동체는 그리스도인 공동체의 진리와 실재를 "그 반사상 안에서, 간접적으로 반영하는…유비와 같은 작용을 한다."[32] 마찬가지로 세속적 영역에 있는 "국가들 간에도 차이"가 존재한다.

밤이면 모든 고양이들이 잿빛으로 보이는 것처럼 국가들 간에 별다른 차이가 없는 것처럼 행동하는 것은…교회로서도 참으로 무의미한 일이다.[33]

어떤 종류의 국가형태를 지지하건 거부하건 간에 국가형태에 대한 태도는 복음과 상관없다는 말은 쓸모없을 뿐만 아니라, 틀린 말이다. 사람이 민주주의 국가에 살아도 지옥에 갈 수 있고, 비열한 지도자나 독재자의 치하에서도 복될 수 있다고 하는 말은 참이다. 하지만 그리스도인으로서 누군가가 민주주의에 대해서 그러하듯 비열한 지도자나 독재자를 긍정하고, 바라고, 추구하는 일은 있을 수 없다.[34]

그리스도인 공동체와 자유로운 민중의 시민 공동체 사이에는 이미 유사성이 있다.[35]

바르트는 헝가리에서 법(das Recht)을 무시하는 한편 "그 바탕에 깔린 세계관으로 인해 언젠가는 교회의 적이" 되고야 말 무신론적 국가에 대해 그리스도인으로서 어떻게 대응할 수 있을지에 대한 질문을 받았다.[36] 이와 관련하여 바르트는 우선 사도행전 5:29을 상기시켰다. "인간이라면 모름지기 사람보다는 하나님께 순종해야 마땅하다." 그는 여기에 더하여 "그런 상황에서 우리 그리스도인들에게는 특히 평온과 유머를 잃지 않는" 것이 중요하다고 말하였다. "자신의 지위를 유지하기 위해 정당에 가입해야 하는가?"라는—이는 직업적 성공을 거두려면 강제로 공산당원이 되어야 하는 상황을 염두에 둔 것인데—질문에 대해 바르트는 "그래서는 안 된다"고 대답한다. 자신의 양심에 반하여 행동하라고 "조언할 수는" 없다. 그것은 "긍정하거나 혹은 부정하거나 할 문제"가 아니라, "오직 부정될 뿐이다." "양심이 훼손된 채 거두는 성공은 선하지 않다."[37]

공산주의에 대한 바르트의 태도는 헝가리 신학자인 알베르트 베레츠키(Albert Bereczky)와 교환한 서신에서 분명하게 나타난다. 바르트는 본래 베레츠키가 1944년에 헝가리의 유대인들을 구하기 위해 노력했다는 점에서 그를 높이 평가하고 있었다.[38] 바르트는 1948년 베레츠키를 헝가리 개혁교회의 감독으로 추대하려는 계획을 조심스럽게 지지하기도 하였다. 하지만 시간이 지나면서 베레츠키는 점점 더 자신을 헝가리 공산체제와 동일시했다. 1948년 이후 WCC 중앙위원회 위원이 된 그는 이를 동구권 교회들에 대한 WCC의 비판적 조언을 방해하고 서방에 반대하는 입장을 강화하기 위한 기회로 활용하였다.

베레츠키의 친공산주의적 태도는 "세계 역사를 형성하시는 하나님"은 사회주의(실상은 공산주의를 의미하는데)를 통해 "새로우면서도 보다 정의로운 인간의 공동생활의 질서를" 수립하신다는 그의 연설에서 특히 두드러지게 드러난다. "서방진영의 그리스도교 신자들은" 서방의 정치체제를 고수하는 것이 "죄"라는 것을 인식해야만 한다. 그것은 이미 하나님에 의해 "심판"받았고, 따라서 "옛"것에 지나지 않는다.[39]

바르트는 바로 이 부분에 대하여 격분하였다(마르쿠스 펠트만이 이 사실을 주목했더라면 좋았을 것이다). (서방진영[혹은 동구권]에 공개할 목적으로 쓰이지 않았던) 개인적인 편지에서 바르트는 베레츠키가 "매우 심각한 **신학적** 오류를 범한다"고 쓰고 있다. 그것은 바로 "공산주의에 대한 긍정을 그리스도교적 증언의 한 부분, 즉 신앙 명제의 하나로 만드는" 일을 말한다. 이 같은 신앙 명제는 "다른 모든 명제들을 그늘 속으로" 은폐시켜버리는데, 이는 그리스도교 안에 "낯선 가르침이" 유입될 때마다 일어났던 일이다.[40] 바르트는 바르멘 신학선언[41]과 독일에서의 교회투쟁을 상기시키기 위해 의도적으로 "낯선 가르침"이라는 표현을 선택했다. 나아가 바르트는 베레츠키가 이 신앙 명제를 통해 "전체 신조와 성서 전체를"[42] 해석한다고 말한다. 다르게 표현하자면, 베레츠키는 "한때 (다른 표지들 아래에서) '독일 그리스도인들'이 그러했듯이 **이데올로기적·그리스도교적 사고방식**으로 빠져들고 있다."[43] 그는 대체 어떻게 "세계 역사를 형성하시는 하나님이 이 땅 위에서 사회주의를 통해…위대한 일을" 행하신다는 것을 알 수 있는가?[44]

개혁교회적 헝가리에는 그때그때 지배적인 정권과 완벽한 일치를 이루는 것 외에 다른 가능성은 없는 것인가?[45]

당신은 한 치의 오차도 없이 스스로의 시류를 따라 유영하는 반면, 우리([서방에 있는] 당신의 친구들)는 여기에서 우리의 시류를 거슬러 유영하는 것이 과연 제대로 된 일이라고 생각합니까? 그것도 벌써 6년 동안이나![46]

알베르트 베레츠키에 대한 비판은 결코 예외적인 경우가 아니었다. 체코의 신학자 요제프 로마드카 역시 제2차 세계대전 이후 (베레츠키와 마찬가지로) 친공산주의적 성향을 보이기 시작했다. 바르트는 1983년 가을 그에게 독일에 대한 무장저항을 촉구하는 편지를 써 보낸 적이[47] 있다. 그는 1917년의 러시아 혁명에서 "구원 사건"과 유사한 것을 보았다. 바르트는 이제 억압 아래 놓인 체코슬로바키아의 개신교회를 지원하였다. 로마드카의 정치적 "표어"에도 불구하고 바르트는 개인적으로 그를 높이 평가하고 있었기 때문에 공개적인 비판을 가하지는 않았다. 하지만 바르트는 이번에도 역시 1962년 성탄절에 로마드카에게 쓴 사적인 편지에서 그를 얼마나 비판적으로 평가하고 있는지를 밝히고 있다. 아래에 이 편지를 거의 요약하지 않은 채 인용하고자 한다. 바르트의 태도가 특히 분명히 드러나고 있는 문서이기 때문이다.

사랑하는 요제프…(쿠바 위기에 대한)너의 새로운 논문은 내게 충격으로 다가왔다. 소극적으로 표현하자면 오늘날 "냉전"을 촉발시키고 대결을 야기하는 이데올로기들과 이익들, 권력들의 먹구름 위에서 그것들을 압도하는 지점이 부족하다는 점 때문이고, 적극적으로 표현하자면 네가 이러한 전선을 이루고 있는 진영들 중 오직 하나만을 대변하는 너 자신을 옹호하고 있을 뿐만 아니라, 네 임의대로 교회와 세상으로 하여금 너와 같이 행동할 것을 요구하고 있기 때문이다. 내가 보기에 오늘날의 상황에서 올바르며, 복음이라는 사태 속에서 전적으로 요구되는 것은…우리가 하나님을 위하여 인간들과 함께 (그러니까 좌파이건 우파이건, 고난당하는 자이건 투쟁하는 자이건, 올바른 자이건 불의한 자이건, 그리스도인이건 무신론자건, A, B, C, D 등 여러 종류의 휴머니즘의 지지자건 간에, 이들 모두를 충분히 이해하면서도, 이들 모두에게 비판적으로) 연대함으로써 그들을 돕겠다는 자세다. 내 눈에는 너의 신학이 점점 정치색을 띠어가는 것이 보이는데—그것이 잘못된 일은 아님에도!—지금 네가 하고 있는 일은 전혀 종류가 다르다. 너는 우리와 우리의 동시대인들을 곤경에 빠뜨리고 있다. 네가 우리에게 새롭게 등장하는 자유와 평화의 세계는 현실 속에서 오직 니키타(흐루시초프)와 마오(쩌뚱), 그리고 피델(카스트로)을 통해서만 구현되고 있다고 주장하면서, 존(F. 케네디)은 1917년 이래 이미 극복되어 이제는 그저 사멸해가는 옛 사회질서·법질서의 구현에 지나지 않는다는 너의 견해를 강요하기 때문이다. 이러한 흑백논리와 이에 동참하라는 요구 때문에 머리털이 쭈뼛 설 지경이다.

나는 네 논문에 쓰인 구체적인 정치적 사안에 대해 논쟁을 벌이고 싶지는 않다. 그 안에 담겨 있는 각각의 것들에 대해 이런저런 보류 사항과 첨가사항을 논할 수도 있겠지만 그것은 다만 정치적 탁상공론이 되고 말 것이다. 나는 너의 묘사 방법과 양식에 더 큰 관심이 있다. 나는 그것들을 보면서 너도 이미 잘 알고 있는 내 오래된 우려를 불식시킬 수 없었다. 그것은 너의 입장과 기독교적 충고가 전적으로 하나의 역사관에 기대고 있다는 것이다. 문제는 사실상 현재 권력을 추구하는 레비아탄의 역사관에 지나지 않는 것을 너는 너무나 진지하게 예수 그리스도와 성서 전체를 전거로 하여 받아들이고 있지만, 내게는 전혀 그렇게 보이지 않는다는 것이다. 사랑하는 요제프, 너는 정말로 에밀 브룬너와 라인홀드 니버, 그리고 그 외 다른 서방 교회 지도자들이 너와 동일한 방법과 양식을 통해 서방진영의 역사관을 정당화할 수 있다는 것을 보지 못하는가?―그들은 정당화를 넘어서 그것으로부터 공산주의에 반대하는 십자군 전쟁을 촉구할 수도 있으며, 너는 다만 그와 반대되는 의미에서 "냉전"을 수행할 뿐이라는 사실이 보이지 않는가?―…네가 이렇게 선전포고를 선언하고 있는데 우리가 어떻게 철의 장막 이편에서 그리스도인들과 사람들에게 우리에게 중요한 것은(근본적으로는 너도 같은 입장이라고 믿는다) 반공산주의적 혹은 공산주의적 평화가 아니라, 모든 이성보다 위에 있는 하나님의 평화라는―그래서 모두에 반하면서도 모두를 위하는 (그 성서적 의미에서)─정의라는 사실을 분명하게 드러낼 수 있겠는가?[48]

바르트에게 **참으로** 중요했던 문제가 무엇이었는지는, 베레츠
키에게 보낸 편지보다는 여기에 길게 인용된 편지에서 더 분명하
게 드러난다. 소극적으로 표현하자면 바르트는 결코 공산주의 혹
은 스탈린주의를 지지하지 않았다! 그에게 편지를 보내기 전 샤프
하우젠 목사회에서의 대화에서 이미 바르트는 로마드카가 "하나
의 특수한 부류의 역사철학"을 대변하고 있다고 비판적으로 언급
하였다. 그는 1933년 독일에서는 "독일 그리스도인들"에 대해서도
"같은 평가를 내렸다."[49] 바르트가 당시 "독일 그리스도인들"을 근
본적으로 거부하면서 대립하였다는 점을 기억한다면, 그가 동방
진영에 있는 자기 친구 요제프 로마드카에 대해서도 호락호락 넘
어가지 않았다는 사실을 어렵지 않게 알 수 있다.

바르트에게 중요한 것은, 예수 그리스도의 이름으로 행해지는
설교에서 일방적으로 정치 (그리고 경제) 권력자들의 편에 서서는
안 된다는 것이다. 늘 그래야 하는 것은 아니지만 종종 주류의 흐
름을 거슬러야 할 필요가 있다. 1948년 봄 헝가리를 방문했을 때,
바르트는 "그리스도인들은 최선의 국가형태 속에서도 간혹 하나
님의 선물과 돌봄에 대한 감사를 오직 진지한 대립의 형태로만"
실현할 때도 있다고 지적하였다.[50] "교회의 정치적 책임이" "진지"
하다면, 그것은 "결코 무비판적 참여"가 되어서는 안 된다. 그리스

도인은 "그 어떤 정부나 권력을 가진 다수 또는 소수, 단체 혹은 개인들이 다루기 편한 국가시민"[51]이 될 수가 없다. "그리스도교적 정치"란 세계에 대하여 "언제나 하나의 낯설고, 불명확하며, 놀라운 사태"여야만 한다. 그렇지 않다면 그것은 "결코 그리스도교적 정치"가 될 수 없다.[52]

이 문장들은 사실상 바르트 자신의 자화상과도 같다. 바르트는 수십 년간 정치 활동에 적극적으로 참여하면서 언제나 놀랄 만한 것들을 새롭게 야기하였다. 그것은 하나의 **비판적**(즉 차별화된) 정치참여이자, 그리스도교 신앙을 근거로 하는 비타협주의였다. 바르트는 하나의 "그리스도교" 국가를 추구한 적이 없다. 그에게 그리스도교 신앙은 자유주의 국가의 가장 소중한 요소였다.[53]

제11장

칼 바르트의 정치윤리

칼 바르트는 82세의 나이로 사망했다. 그는 동시대인들에 비해 장수했고, 마지막 순간까지도 활동적으로 일했다. 사망하기 하루 전날 저녁까지도 바르트는 1969년 취리히에서 열릴 에큐메니칼 교회일치 기도주간에서 발표할 강연원고인 "일어서기-돌이키기-고백하기"를 다듬고 있었다. 칼 바르트의 삶에는 언제나 (신학적으로나 정치적으로나) 새롭게 일어서는 일들이 있었다.

이 책의 각 장들을 주의 깊게 읽어보면 바르트의 삶을 통틀어 일관되게 존재하는 많은 상수들이 있다는 것을 깨닫게 된다. 그중 하나는 세계를 향한 관심과 깨어 있는 태도다. 바르트는 결코 상아탑에 갇혀 구슬치기나 하면서 말만 앞세우는 폐쇄적인 학자가 아니었다. 그는 성서 외에도 특히 신문을 관심 있게 읽었다. 스무 살에 불과했던 신학생 시절이나 팔순이 넘은 노인이 되었을 때에나 그는 사람들이 놀랄 만큼 세상의 일들에 대해 극도로 예민했다.

또 다른 상수들도 있다. 세계에 대한 그의 관심은 언제나 특별한 입장표명과 결합되어 있었다. 바르트는 실제적인 일상의 질문들을 결코 사적인 것으로 여기며 뒷걸음질하지 않고, 그 질문들을 노골적으로 드러내었다. 그는 기회가 있을 때마다 세계 속으로 뛰어들어 자신의 견해에 따라 세계를 적극적으로 변화시키고자 하였다. 칼 바르트는 동시대인으로서는 껄끄러운 존재였다. 언제나 시대의 흐름을 거슬러 새로운 방향으로 헤엄쳤다. 신학초년생이었을 때건 유명한 교수였을 때건 간에 종종 소수들의 의견을 대변하는 결단을 내렸으며 그 누구에게도 손쉽게 동의한 적이 없다.

1906년에 많은 초핑기아 협회 회원들은 바르트가 사회참여를 지나치게 강조한다고 생각하였다(에두아르트 슈타이거도 이 그룹의 일원이었다). 1933-35년에 고백교회의 친구들 역시 바르트를 홀로 내버려두었다. 그로서는 매우 쓰라린 경험을 한 셈이다. 오늘날의 입장에서 제2차 세계대전 기간에 스위스에서 일어났던 일들에 대한 묘사를 보면 당시 상황이 특별히 위험하게 느껴지지 않는다. 하지만 전화가 도청당하고, 정치적 의사표현이 금지당하는 경험은 사실 매우 큰 불편을 초래한다. 냉전시대의 상황도 비슷하였다. 반공산주의라는 주된 흐름에 반대하는 것은 그리 간단한 일이 아니었다.

바르트의 삶 전체를 관통하던 또 다른 핵심요소는—신약학자

에른스트 캐제만(Ernst Käsemann)의 대중화된 표현을 사용한다면—그의 모든 정치적 (신학적) 입장들을 주도하는 "종말론적 유보"다. 바르트는 결코 "전체주의적" 사상가가 아니었다. 1933년 봄에 행한 "신학 공리로서의 제일계명"이라는 강연에서 그는 이렇게 선언한다. 모든 인간의 일은 죄의 용서와 맞닿아 있어야 하기에 "신학에서 일어나는 논쟁은 아무리 선하고 불가피한 일이라 해도…다만 잠정적(vorletztes)으로만 이루어져야 한다. 즉 절대적인 진지함과 분노를 가지고 진행되어서는 안 된다." 불가피한 일에 관해 말해야만 할 때는 "'평화의 띠'(엡 4:3) 역시 함께 나타나야만 한다." 신학논쟁이 필연적이라 하더라도 우리는 오직 "공동의 희망"[2] 가운데에서 그것을 수행해야 한다. 우리는 이 표현들에 주목할 필요가 있다. 왜냐하면 이것들은 가장 격렬한 신학적·정치적 대결이 벌어지던 시기에 말해진 것이기 때문이다.

"최종적인 것"(das Letzte)과 "잠정적인 것"(das Vorletzte) 간의 기초윤리학적 구분은 본래 디트리히 본회퍼에 의해 세계적으로 유명해졌다.[3] (이는 특히 본회퍼가 감옥에서 보낸 편지들에서 "잠정적인 것 앞에서 최종적 말씀을 말할 수는 없다"고 여러 번 강조했기 때문이었다.) "우리는 잠정적인 것 안에서 살고 있으며, 최종적인 것을 믿는다."[4] 이와 같은 구분은 이미 바르트의 『로마서 주석』에 등장하며, 그의 모든 정치적 활동의 암묵적 전제다. 바르트는 언제나 절대화와 교조화에 대해 새롭게 경고한다.

1915년 2월 사회민주당에 가입하던 때, 바르트는 이미 "가장 위대한 이에 대한 신앙", 즉 "불완전한 것 가운데에서 발생하는 고난을 배제하지 않고 오히려 포괄하시는" 하나님에 대한 신앙을 논하였다.[5]

자펜빌의 노동자들을 위한 실천적 작업과 관련하여 바르트는 이렇게 말한다. "내가 개인적으로 그것에 열광해서가 아니라 단지 그 일이 필요하기 때문에 한다."[6] 그는 좀 더 나이가 든 후에는 보다 신중한 태도를 취한다. "사회주의와 관련해서 자펜빌에서 나는 특히 노동조합운동에 관심을 가졌다."[7]

『로마서 주석』 집필 당시에는 이러한 표현이 등장한다. "(그리스도인은) 무비판적인 열정, 과도한 무모함, 지나친 단호함을 가지지 않는다."[8] 국가는 "종교적으로 아사되어야"[9] 한다. "시민의 의무와 정당의 의무를" 실행할 때에는 "충분한 거리를 두고, 결코 환상에 빠지지 말아야" 한다.[10] 정치는 "정치적 일들이 본래 지니고 있는 놀이로서의 성격이 드러날 때에만…특정한 주장이나 그에 대한 반대를 절대화하지 않고 이로써 인간적 가능성들을 상대적으로 완화시킬 때, 즉 인간적 가능성들을 철저히 상대화할 때에야 비로소 **가능해진다**."[11] 『로마서 주석』이 쓰인 1920년대에 바르트가 정치로부터 거리를 둘 것을 요구했다는 주장은 틀리기는 했지만 우연인 것만은 아니다.

이러한 바르트의 태도는 국가사회주의 시대에도 어김없이 나타난다. (바르트는 신중하면서도 이데올로기에 동화되지 않으려 했다는 바로 그 점 때문에 히틀러에게 동조할 수 없었다.) 그는 "베네딕트 수도회 마리아 라흐(Maria Laach)의 기도송이 제3제국에서도 중단과 왜곡 없이 정기적·지속적으로 울리도록 하자"[12]고 말했다.

불가피하게 스위스로 다시 돌아간 뒤에도 바르트는 국가사회주의에 대하여 가장 단호하게 비타협적 저항을 선두에서 실시한 투사였다. 또한 그는 모든 종류의 스위스적 "조국수호방식"과 스위스식 민족 "신화"를 조롱하기도 했다.

종전 이후 바르트는 이데올로기적인 반공주의와 동구권에서 이루어진 공산주의에 대한 기독교적 정당화 모두를 반대하였다. 그는 이 두 방향 모두를 통해 시도된 세계내적·정치적 입장에 대한 절대화와 신학화에 반하여 투쟁하였다.

후일 회고하면서 바르트는 이렇게 말하였다.

나 자신은…자유주의적이다. 아마도 이 분야에서 스스로를 자유주의자라고 칭하는 사람들보다도 훨씬 더 자유주의적일 것이다.…진정한 자유주의는 전후좌우, 과거와 미래, 모든 면에서 책임성과 공공성 가운데에서 말하고 사유하는 것이어야만 한다. 이때 사람은—이렇게 말해도 괜찮다면—철저히 겸손해야 한다. "겸손"이란 우리가 보고 있다는 사실에 대한 의심을 뜻하지는 않는다. 그보다는 우리가 직접 사유하고 말하는 것에는 언제나 다시금 적절한 한계가 있어야 한다는 의미다. 그럼에도 불구하고 아주 단정적으로 말하자면, 내가 보고 깨달았다고 생각했던 것들이 내 행동을 방해하지는 않았다![13]

이 책의 거의 마지막 부분에 도달한 지금 다루어야 할 한 가지 질문이 더 있다. 정치윤리와 관련하여 바르트와 루터 사이의 심대한 차이를 강조하는 것이 오래전부터 내려온 관례다. 루터의 소위 두왕국론에 반하여 바르트의 정치윤리는 종종 **"그리스도의 왕적지배론"**으로 불려왔다. 나는 이런 구분은 매우 조야하고, 별로 유익하지 않다고 생각한다.

"그리스도의 왕적지배론"은 그리스도교 신앙이 십자가에 달린 그리스도의 승리가 그의 부활에서 분명히 드러났다는 확신을 그 출발점으로 삼는다. 이를 토대로 남녀 그리스도인들은 "그리스도를 순종적으로 뒤따르는 가운데 그리스도의 승리를 공동으로 성취하도록 부름 받았다. 이러한 공동성취는 (특히) 국가를 포함한 삶의 모든 영역을 형성하는 데 그리스도인들과 교회가 공동책임을 지는 가운데 드러난다."[14] 이 같은 가르침에서 특히 결정적인 부분은 그것이 "국가의 독자적 법칙성과 그리스도교 신앙의 개인화를 비판"[15]한다는 것에 있다. 종종 칼 바르트가 작성한 1934년의 바르멘 신학선언의 두 번째 테제가 인용되곤 한다.

예수 그리스도는 우리의 모든 죄에 대한 용서의 선언이시다. 그와 마찬가지로 그는 우리의 삶 전체를 향한 하나님의 강력한 요구이기도 하다. 그를 통하여 우리는 하나님이 없는 이 세계의 속박으로부터 그의 피조물을 향한 자유롭고도 감사한 봉사로의 즐거운 해방에 가까워 진다.

우리는 예수 그리스도가 아니라 다른 주님이 더 적합하고, 예수 그리스도를 통한 칭의와 성화를 필요로 하지 않는 삶의 영역이 있다는 거짓된 가르침을 단죄한다.[16]

여기서 강조점은 그리스도의 지배가 "우리의 삶 전체"를 요구한다는 것이다.

루터의[17] (특이하게도 20세기에 이르러서야 칼 바르트에 의해 이름 붙여진[18]) 두왕국론의 출발점은 신약성서에 있는 예수의 산상설교, 특히 마태복음 5:39을 어떻게 이해해야 하는지에 대한 질문이다.

나는 너희에게 이르노니 악한 자를 대적지 말라. 누구든지 네 오른편 뺨을 치거든 왼편도 돌려대며

로마 가톨릭교회의 고전적인 전통은 이 구절을 간단히 해석한다. 평신도들에게는 십계명을 존중하는 것만으로도 충분하다. 반면 (반대편 뺨을 돌려대는) 비폭력, 청빈, 순결, 순종 등은 그리스도

교의 엘리트들(좁은 의미에서 예수의 남녀 제자들), 특히 (은둔생활을 포함하여) 수도원에서 이 같은 "복음의 권고들"을 따르는 자들을 위해 추가된 생활규율이다.

반면 루터는 산상설교와 십계명 간의 관계를 다르게 이해했다. 그리스도인들의 부류가 서로 다른 것은 아니다. 하나님 앞에서는 모두가 동일한 근본명제들 아래 서 있는 동등한 존재다. "그리스도인"(Christperson)으로서 내게는 절대적 사랑의 계명이 무엇보다도 중요하다. 나는 자신만을 위한 목적으로 나를 보호하려 해서는 안 된다. 루터는 1525년 농민전쟁의 한복판에서 봉기한 농부들에게 "고난, 고난, 십자가, 십자가—다른 그 무엇도 아닌—바로 그것만이 그리스도인의 권리이다"[19]라고 주장하였다.

(아버지, 어머니, 시민, 재판관, 영주, 가게주인 등) **"직무를 맡은 일반인"**(Amtsperson)으로서 내게는 나 자신을 위해서가 아니라, **내게 맡겨진 타인들을 위하여**—필요하다면 폭력을 사용해서라도—이 세상의 악에 대항하여 싸워야 할 의무가 있다.

루터에 의하면 모든 그리스도인은 두 세계의 시민이다. 이들이 속한 곳 중 하나는 하나님의 오른손에 있는 나라이고, 다른 하나는 하나님의 왼손에 있는 나라다. 하나님의 오른손의 나라에서는 그리스도 자신이 말씀과 성례를 통하여 다스리신다. 여기서는 산상설교의 가르침들이 효력을 발휘한다. 하나님의 왼손의 나라에서는 (물론 여기서도 당연히 하나님이 다스리신다는 것을 명심해야 하는

데) 황제가 칼로 다스린다.[20] 이 나라에는 절대적 규범은 없고, 다만 상대적인 규범이 있을 뿐이다. 상대적 영역에서는 (무한한 사랑이 아니라) 정의롭고 공평한 다스림이 이루어져야 한다. 루터의 "두왕국론"은 세계의 현실 가운데 그리스도교적 실존에 대한 신학적 근거를 부여하기 위한 진지한 시도였다.[21]

최근의 몇몇 루터 연구자들은 두왕국론에 대한 이해에 큰 변화를 가져왔다. 루터는 하나님이 자기 왼편의 나라 역시 다스리신다는 것과 여기서도 하나님의 계명은 지켜져야 한다는 사실을 당연하게 여겼다. 하지만 이 나라에서 작용하는 "독자적 법칙성"에 관한 생각이 후학들에 의해 한층 발전되었다. 정치, 법, 경제, 학문, 예술 등은 각각의 고유한 법칙들을 따르며, 이러한 영역을 복음 및 교회와 혼동해서는 안 된다는 것이 이들의 견해다. 크리스토프 에른스트 루트하르트(Christoph Ernst Luthardt)와 프리드리히 나우만(Friedrich Naumann)이 루터에게는 낯설게 들릴 법한 이 같은 입장을 대변하는 인물들이다. 이들은 각각 『루터윤리학개요』(1875)와 『종교에 대한 서한들』(1903)에서 신앙의 "내면성"과 세계의 "독자적 법칙성"을 구분하였을 뿐만 아니라 이 둘을 이원론적으로 분리시켰다.[22] 지난 수십 년 동안 두왕국론에 대한 이러한 논쟁이 칼 바르트와 마르틴 루터의 두왕국론 간의 대화를 어렵게 하는 한편 심각하게 방해해왔다.

하지만 마르틴 루터의 두왕국론이 본래 뜻에 충실하게 제대로 이해된다면 칼 바르트와 깊이 단절되었다고만 볼 수는 없다. 루터 자신은 "세계·정치·경제라는 영역이 하나님의 율법과는 무관한 독자적 법칙성을 가진다고 생각한 적이 없다."[23] 루터의 두왕국론의 진정한 의미는 (칼 바르트가 그랬듯이) 이데올로기에서 자유로운 정치와 경제 그 이상도 그 이하도 아니었다. **정치란 가능한 것들을 다루는 방법이지 이 땅 위에 하나님 나라를 구축하는 것이 아니다.** 오늘날 가장 선도적인 루터 연구가 게르하르트 에벨링(Gerhard Ebeling)에 의하면 "세상이 하나님으로부터 독립되어 있으며 신앙은 세계에 대한 책임으로부터 자유로운 것처럼" 생각하는 것은 두왕국론에 대한 "가장 천박한 왜곡"[24]이다. "진정한" 루터와 바르멘 신학선언 안에 나타나는 바르트의 표현들 사이에는 실질적인 대립이 존재하지 않는다. 바르멘 신학선언에 따르면 "우리 삶에서 예수 그리스도보다는 다른 주님을 섬기는 것이 더 적절한 영역"은 존재하지 않는다. 루터뿐만 아니라 바르트 역시도 "최종적인 것"과 "잠정적인 것"을 구분해야 한다는 것을 잘 알고 있었다. (그리고 그것은 그들 모두의 삶에서 가장 중요한 것이었다.) **"최종적인 것"과 "잠정적인 것"의 구분은 마르틴 루터가 본래 주장한 두왕국론을 창조적으로 발전시킨 것으로 간주될 수 있다.** 바르트와 루터를 성급히 분리시키는 것은 잘못된 일이다(물론 두 사람은 서로 다른 시대를 살았으며, 따라서 정확히 동일한 것을 가르친 것은 아니다).

바르트는 루터 본인이 아니라 파울 알트하우스(Paul Althaus)나

다른 루터주의자들과의 대결을 통해 점점 정치윤리의 강조점을 이들과는 다른 곳에 두게 되었다. 1935년의 강연인 "복음과 율법" 과 1938년의 "칭의와 법률", 1946년의 "그리스도인 공동체와 시민 공동체"가 매우 중요하다. 이 강연들은 이 책에서 이미 여러 번 다루어졌다. 무엇보다 중요한 것은 그리스도인 공동체의 진리와 현실을 직접적으로가 아니라 **"간접적으로, 그 거울상 가운데에서 반성"**[25]하는 시민 공동체의 능력이다. 바르멘 신학선언에서 바르트는 그리스도인 공동체에 관한 유명한 문장을 작성하였다.

> 그리스도교회는 형제들(과 자매들)의 공동체다.…교회의 여러 직분들은 다른 이에 대한 지배를 세우는 것이 아니라 전체 공동체의 책무인 봉사의 실행을 근거로 한다.[26]

이를 배경으로 보자면 바르트가 비록 신중하고도 비이데올로기적인 태도를 유지하려 했음에도 민주주의를 다른 여타의 국가 형태보다 훨씬 선호하였다는 것은 이해할 수 있다. 거울상이 그렇듯이 (아날로기아라는 의미에서) 민주주의는 그리스도인들이 상호 관계하는 방식을 반영한다. 그리스도교적·신학적 관점에서 보면 통제나 제약 없이 "누군가가 다른 이들을 지배"하는 것은 있을 수 없는 일이다. "각자가 국가의 행위에 대한 근본적 책임"을 질 것을 요구하는 표현들은 바르트의 삶 전체에서 나타난다.[27] "자유롭게 교육받고 자유롭게 스스로를 표현하는 민중의 의지"를 토대로 수립된 "스위스 방식의 연방제적 법치국가"야말로 가장 추구할 만한 국가형태다.[28] "어떤 종류의 국가형태를 지지하건 거부하건 간에, 국가형태에 대한 태도는 복음과 상관없다는 말은 쓸모없을 뿐만 아니라 틀린 말이다."[29] "그리스도인 공동체와 자유로운 민중의 시민 공동체 사이에는 이미 **유사성**이 있다."[30]

서론에서 이미 언급했던 것처럼 바르트는 바로 이와 같은 이유로 영국의 정치 시스템을 높이 평가하였다.[31] "우리의 교회와 오늘날의 스위스"라는 1940년 11월의 강연에서 바르트는 "민주주의"라는 개념을 보다 구체적으로 묘사하는데 이는 매우 중요하다. 여기서 그는 자기가 보기에 타당한 국가형태에는 "민주주의" 외에 다른 이름이 주어질 수 없는 것 같다고 말한다. 엄밀히 말하면 "'민중'이 아니라, 공동체와 자유의 법률과 의무"만이 "지배"할 수 있고, 또 그래야만 하기 때문이다.[32]

마지막으로 그리스도교 신앙과 정치라는 주제와 관련하여 바르트가 가장 중시하였기 때문에 여러 번 언급하였던 신학적 사고의 근본이 무엇인지 살펴보도록 하자. 바르트는 신학의 가장 주요한 기본원리를 신약성서와 고대 교회에서 발견하였다. 그것은 초기 그리스도교 공동체의 구성원들이 로마 황제의 신상 앞에 제사 지내는 것을 거부하였다는 것이다. 제사를 강요받은 그리스도인들은 차라리 순교하기로 결심하였다. **그렇지만 그들은 황제를 위**

하여 기도하였다! 바르트는 이로부터 다음과 같은 것을 발견하였다. 국가 안에서—설령 최선의 국가라 할지라도—절대적인 무언가를 발견하는 것은 그리스도교의 기본사유와 충돌한다. 최선의 국가조차도 상대적이므로 국가에게 "기도"해서는 안 된다. 그러나 국가를 위한 기도는 그리스도인들이 국가를 위해 할 수 있는 가장 중요한 봉사다. 또한 국가를 위해 기도하는 사람은 자기 편의대로 국가를 소극적이거나 무관심하게 대할 수 없다. **누군가를 위하여 기도하는 것은 생각할 수 있는 가장 적극적인 참여방식이다.** 나는 내가 관여되어 있고 (가능성이 내게 허락되어 있는 한) 참여할 수 있는 것을 위해서만 기도할 수 있다.

이 책에서 이미 거론한 1938년의 "칭의와 법률"이라는 강연에서 바르트는 "국가권력의 담지자를 위한 기도"는 교회가 "견고히 존속"하기 위해 필수적이라고 말하였다.[33] 이것은 "근본적이고도 포괄적으로 말하자면…국가를 위한 교회의 기여다."[34] 종전 이후인 1946년에 펼쳐진 강연 "그리스도교 공동체와 시민 공동체"에서 그는 보다 첨예한 신학적 관점을 드러낸다. 그리스도교 공동체는 "시민 공동체를 위하여" 기도한다. 시민 공동체를 위해 기도함으로써 그리스도교 공동체는 "하나님 앞에서 시민 공동체를 위한 책임을 진다. 만일 그 기도를 그만둔다면 그리스도교 공동체는 시민 공동체를 위한 일을 진지하게 수행할 수 없을 것이다. 반면 지속적으로 시민 공동체를 위해 기도한다면, 그 공동체는 시민 공동체를 위해 일하는 것이라 할 수 있다."[35] 이 책 앞 장의 서두에 나왔던 문장을 하나 더 인용해보겠다. "시대적 사건에 대해 방관하면서 침묵으로 일관하는 공동체는 그리스도교 공동체가 아니다."[36] 이것이 칼 바르트가 남긴 정치적·윤리적 유산이다.

세온(Seon) 시 체육관에서 개최되었던 렌츠부르크 지역
사회민주주의 정당 지역회의에서 행했던 강연

그리스도인과 사회민주주의자

1915년 4월 25일 (일)

나사렛 예수는 십자가에 못 박혀 죽으셨다. 목수이자 순회설교자
였던 그분은 하나님에 대해 전하고, 병자들을 치유했다. 나사렛
예수는 군중들에게 둘러싸여 있으면서도 외로운 사람이었다. **예
수는 누구였는가?** 우리 사회민주주의자들에게 그는 무슨 의미가
있는가? 그리스도는 세계라는 수수께끼에 대한 해답일 뿐만 아니
라 사회민주주의 운동의 근원이자 힘이기도 하다.

I. 그리스도, 그는 누구였으며 무엇을 원했는가?

이 질문에 대답하기 위해서는 다음과 같은 점들에 주의를 기울여

야 한다.

예수는 **정치인이 아니었다.** 마태복음 4:8-11에 나오는 예수에 대한 시험을 기억하라. 그에게는 아무런 죄도 없기 때문이다(요 18:38). 그래서 유감인가? 하지만 인간으로서의 예수, 그의 살아 있는 영혼은 정치인보다 훨씬 고귀하다. 바로 이것이 예수가 새로운 인간의 창조자로서 우리를 만나는 지점이다.

예수는 **사회 개혁가도 아니었다.** 그는 당시의 궁핍한 사회상을 목도하고도 이에 대항하는 "그 어떤 일도" 하지 않았다. 혹시 예수에게 그와 다른 무엇을 기대하고 있는가? 또는 예수를 사회민주주의자로 이해하고 있는가? 예수는 개혁자가 아닌 혁명가였다. 따라서 우리는 혁명가로서의 예수를 찾아야 한다.

예수는 **도덕설교가도 아니었다.** 도덕적 행동에 대한 예수의 요구들은 그다지 새로울 것이 없지만 한편으로 그는 모든 계명들을 거의 실현 불가능할 만큼 극단적으로 고양시킨다. 예수는 비교적 쉬운 수업자료들을 제공하는 데 그치는 대신, 우리 안에 도덕이 없어도 무방한 삶에 대한 동경을 일깨우는 데 도전한다. 진리 가운데 사는 사람은 굳이 도덕을 필요로 하지 않는다. 이 점을 알고 있다면 예수를 이해한 것이다.

예수는 새로운 **종교의 창시자도 아니었다.** 예수는 새로운 교리에 대해 동의하거나 새로운 제의에 참여할 것을 요구하지 않는다. (그러니 예수에게 있어 제의에 대한 참여를 근간으로 하는 그리스도교는 낯설 수밖에 없다!) 그 대신 예수는 자신의 언행을 통해 인간을 허구의 삶을 넘어선 현실의 삶으로 인도하고자 한다. 예수의 주변인들은 모두 삶이란 무엇이며 이 세계란 대체 어떤 것인지에 대한 질문에 강하게 이끌렸던 이들이다. 기독교는 진정한 인간을 위한 "종교"다. 이때 진정한 인간이란 진리에 속한 이들을 가리킨다(요 18:37).

예수는 유일무이한 방식으로 삶의 근원을 깊이 탐구한 인간이었다. 그에게 존재와 그에 관한 허상이나 임시성, 불완전성은 완전히 사라지고 무의미해졌으며, 다만 진정한 세계, 현실(Wirklichkeit)만이 드러났다.

진정한 세계, 만물의 근거는 필연적으로 승리하게 될 무한한 선의 세계다.

그렇기에 곤궁과 빈곤과 죽음은 잠정적일 따름이며, 두려움과 공포는 단지 상상에 지나지 않는다. 진정한 그리스도인의 자세는 **고요하면서도 확고한 신뢰**를 견지하는 것이다.

그러니 자기추구와 불의가 성공을 거두기는 본질적으로 불가능하다. 죄를 짓는 것 역시 진공 상태에서 숨을 쉬려는 시도에 지나지 않는다. **악의 극복**은 자명한 수순이다.

따라서 대부분의 인간이 빠져 있는 우둔함과 교만함은 눈먼 자들이 하는 짓일 뿐이다. 죄는 이미 용서받았으니 눈이 열리기만 하면 새로운 삶이 인간 앞에 펼쳐질 것이다.

다르게 말하면 기도와 자선, 도덕을 통해 추구되는 정의란 위선일 따름이니 그 대신 인간들 사이에서 구현될 완전한 형제애와 자비의 승리에 대한 동경이 자리 잡아야 한다.

그러한 이유로 인간은 자유로운 사고 속에서도 주어진 모든 책무를 수행한다. 무엇을 해라, 혹은 하지 말라는 식의 명령이 사라진 지금, 인간은 순종하라는 명령을 받고 굳건히 서 있다.

바로 그 때문에 인간들 사이에 더는 무관심과 적대감, 또는 난관 앞에 무릎 꿇는 일은 있을 수 없다. 이제는 사랑이 모든 것을 정복한다. 사랑은 진리를 토대로 하고 있다는 점에서 강력하다.

예수는 다른 세상을 향한 영구적인 선을 가리켜 하늘에 계신 아버지라고 불렀다. 인간을 하나로 묶고 그들의 삶을 굳건하게 하는 것은 하늘에 계신 아버지의 현존이다.

하늘에 계신 아버지를 인정하는 곳, 인간이 그분에게서 오는 힘을 의지하여 자신의 삶과 세상을 꾸려가는 곳이 바로 하늘나라다.

하늘나라는 우리가 신앙을 실천하는 곳에 임한다. 신앙이란 곧 새로운 일의 시작이다. 하나님을 인정(참회와 기도)하면 모든 것을 반드시(막 4:16-29) 변화시킬 만큼 강력한(심지어 산을 옮기는[고전 13:2; 마 17:20]) 새로운 삶의 태도를 만들어낸다.

이 새로운 세상이 바로 예수의 삶이다. 예수는 새로운 세상을 알았고, 그 중심에 서 있었다. 그래서 그는 스스로를 아버지의 아들이라고 불렀다. 예수가 원했던 것은 오직 그가 삶에서 맺은 관

편안한 침묵보다는
불편한 외침을

계 속으로 인간을 이끄는 것뿐이었다. 그의 삶과 죽음은 가장 깊은 의미에서 하나의 혁명이다. 바로 그렇기 때문에 예수는 정치인 혹은 그와 같은 부류의 그 어떤 것도 될 수 없었다. 그리스도의 십자가 안에서는 예수의 전 생애가 하나의 혁명이며, 이제 막 서광이 비치고 있는 하나님의 세계를 가로막고 온 힘을 다해 저항하는 이 세상은 반드시 극복되어야 하는 대상이라는 사실이 명백해진다. 이것이 이 세상을 이긴 진리다.

II. 그리스도가 사회민주주의와 무슨 관련이 있는가?

우리는 왜 사회민주주의자인가? 노동자 계급을 도울 방법을 궁리하고 있기 때문인가? 사회의 지배 계층과 얽힌 좋지 않은 경험 때문인가? 혹은 나쁜 경험들이 벌어진 원인과 그 결과를 알기 때문인가? 그렇다. 그 모든 것들 때문일지도 모른다. 하지만 단지 그것 때문만은 아니다! 이런 이유들은 다른 많은 사람들에게도 해당되는 것이지만 그렇다고 해서 그 사람들이 모두 사회민주주의자가 되는 것도 아니고, 또 계속해서 사회민주주의자로 머물러 있지도 않는다.

우리는 왜 계속해서 사회민주주의자로 남아 있는가? 우리 앞에 보다 편한 길이 열려 있음에도 왜 우리는 사회민주주의를 고수하는가? 보다 많은 장점이 손쉽게 주어질 수 있는 다른 자리가 있는

데 말이다. 대체 왜일까? 아무리 희망을 갖고 보려고 해도 수많은 투쟁들이 우리를 의기소침하게 만들고 있다. 그러나 우리는 여전히 사회민주주의자다. 사회운동 속에서 우리는 하나의 **신앙**과 마주하게 된다. 이 신앙은 우리의 **가장 깊은 곳까지 요구하며, 우리로 하여금 그 신앙에 봉사하기 위해 투신하도록** 한다. 우리는 바로 이 신앙 속에서 그리스도를 기억하고, 그분으로부터 신앙을 실천할 원동력을 얻는다.

그렇다면 사회주의는 무엇을 추구하는가? 첫째는, **인간을 돈으로부터 자유롭게 하는 것이다.** 인간은 물질의 지배를 받지 않고 살아야 한다. 물질을 좇다가 잃어버린 인간의 존엄성을 공동의 노력으로 되찾아야 한다. 둘째는, **정의**에 기반을 둔 새로운 사회 질서를 수립하는 것이다. 법으로 권력을, 평화로 계급 및 민중 간의 대립을 대체하는 일이다. 신앙은 이를 위한 길이다.

사회민주주의자는 돈과 권력을 기반으로 구축된 세계를 향해 인간들 사이에 구현될 자유와 정의에 대한 신앙을 대변해야 한다. 사회민주주의자는 혁명적인 정당, 다시 말해 기존의 것을 개선하는 데 그치지 않고 새롭게 창조하는 혁명적 정당으로서 이 같은 신앙을 대변한다. 이것은 예수의 지향점과는 다른가? 그렇다. 예수는 비할 데 없이 많은 일을 하기 원했다. 사회주의는 예수의 계획 중 아주 작은 부분에 불과하다. 당신의 나라가 오소서!(마 6:10) 하지만 사회주의 속에 하나님의 능력으로부터 오는 그 무엇인가가 나타난다. 비록 사회주의자들은 이 점을 알지 못하거나 부정하지만 그럼에도 사회주의 안에는 하늘나라에서 기원한 무언가가 어슴푸레하게나마 그 모습을 드러내고 있다. 바로 이것이 또 다른 세상과 그런 세상의 구현을 위한 실천에 대한 신앙이다. 그렇기 때문에 우리에게 사회주의란 단지 하나의 정치적 혹은 경제적 질문에 불과한 것이 아니라, 우선적으로 그리고 가장 깊은 의미에서 양심 및 신앙과 결부된 일이다.

따라서 그리스도께서 열어주시는 다른 세상을 믿는 우리는 많은 오류를 내포하고 있음에도 사회주의를 기쁘게 여기고 실천해야만 한다.

우리는 진정한 사회민주주의자가 되기 원하므로 그리스도의 선포와 삶 가운데 우리의 희망과 실천의 핵심과 본질이 놓여 있음을 볼 수밖에 없다.

III. 이 모든 것들이 우리 사회민주주의자들에게는 무엇을 의미할까?

• 확신과 내적인 점검

누군가 이렇게 이야기한다고 하자. "나는 사회주의자로서 예수의 노선에 서 있다." 그는 영혼의 뿌리 깊숙이까지 사회주의자여야만 한다. 그는 사회주의 속에서 가장 깊은 의무감을 지니고 **살아야만** 한다. 또한 시련과 난관 가운데에서도 순수한 양심과 신뢰, 그리고 확신을 지니고 살아야 한다. 확신이 있으면 일시적인 기분과 선입견으로 인해 사회주의를 포기하지 않을 수 있다. 그에게 사회주의는 하나님으로부터 주어진 과제다. 하지만 제1차 세계대전은 피상적이고, 공포를 불러일으키며, 표면적으로만 그럴듯해 보이는 사회주의가 존재한다는 증표가 아닌가? 그리스도를 시인하면 우리는 우리에게 지금은 없는 확신을 가질 수 있다.

• 비판과 방향제시

예수는 수많은 계획을 갖고 있는 중에도 여전히 우리에게 필요한 비판과 방향성을 제시해준다. 제1차 세계대전은 "권력을 향한 여정" 중에 모든 것이 잘못될 수 있다는 점을 여실히 보여주었다.

우리의 이상은 순수해야 한다. 우리는 부유함이 아니라 땅 위에서 실현되는 정의를 추구해야 한다. 그럴 때에만 우리가 하는 일에 대한 확신과 외부를 향한 열정을 가지고 일할 수 있다.

우리의 투쟁수단은 우리가 하는 일이 참되다는 것을 드러낼 수 있어야 한다. 정치적 실천이나 노조활동을 위한 실천은 당연히 필요하지만, 그 과정에서 사회주의가 뒷전으로 밀려나지 않도록 주의해야 한다! 승리를 지향하되, 정당성을 잃지 않을 때에만 사회주의 노선에서 벗어나지 않을 수 있다.

우리의 다음 목표는 선거에서의 승리가 아니다. 그보다는 사회주의적 인격을 도야하는 것이다. 먼저는 우리 자신이, 그 후에는 다른 이들이 사회주의적 인격을 도야할 수 있도록 하는 것이다. 먼저 사람들이 구원받아야만 그들을 통해 비로소 사회적 관계들도 구원받을 수 있다. 차라리 소수를, 그리고 특히 올바름을 지향해야 한다!

보증과 희망. 우리 당은 그 목표를 실현할 수 있는가? 기필코 그래야 한다. 왜냐하면 우리의 목표는—그리스도를 바라보면 알 수 있듯이—가장 깊이 있는 삶을 표현하는 것이기 때문이다. 확실한 결단 없이 의심하면서 사는 사람만이 준법과 불법 사이에서 동요하며, 사회주의 자체를 의심한다. 하나님의 세계가 더 많은 승리를 거둘수록, 사회주의의 진리 역시 모든 난관을 뛰어넘어 스스로를 관철시킬 것이다.

하지만 우리가 생각하는 것과는 전혀 다른 방식으로 일이 진행될 수도 있을 것이다. 우리는 다만 양심의 소리에 순종하고, 사회주의에 영과 육을 다 바쳐야 한다. 이 길은 우리를 어디로 이끌고 가는가? 우리의 목표는 어디에서 실현될까? 확실한 것은 **십자가** 없이는 아무것도 이룰 수 없다는 점이다. 목표가 실현될지라도 놀라지 말라. 목표를 놓치지 않고 확고히 간직한다면, 우리의 고난 가운데 참된 세계, 곧 사회주의 세계가 나타날 것이다.

이제 **괴테**의 고백으로 끝을 맺고자 한다.

미래는 덮여 있다.
아픔과 행운,
짧은 시야로.
하지만 두려워 말라.
앞으로 나아가라.

힘겹게, 저 멀리에
천구가 걸려 있다.
영예롭지만 고요히,
별들 너머로는 안식이,
그 아래에는 무덤들이.

하지만 저 너머로부터 들려오는 외침이여,
영혼들의 목소리,
스승들의 목소리,
실행하기를 주저하지 말라.
선의 힘을!

여기서는 면류관이 씌워지고
영원한 고요 가운데에서
면류관들은 충만함 가운데

그 실천을 보상하리라!

너희가 희망하기를 원하노라!

바르멘 신학선언[2]

(1935)

1.

예수께서 이르시되 내가 곧 길이요 진리요 생명이니 나로 말미암지
않고는 아버지께로 올 자가 없느니라(요 14:6).

내가 진실로 진실로 너희에게 이르노니 문을 통하여 양의 우리에 들
어가지 아니하고 다른 데로 넘어가는 자는 절도며 강도요. 내가 문이
니 누구든지 나로 말미암아 들어가면 구원을 받고(요 10:1, 9).

성서가 증언하듯이 우리가 들어야 할 유일한 말씀은 예수 그리
스도의 말씀이다. 우리는 삶과 죽음 가운데에서 오직 그를 신뢰하
고 그에게 순종해야 한다. 우리는 하나님의 말씀을 선포하는 진원
지인 교회가 그 말씀 외에 다른 사건들이나 권세들, 혹은 위인들
이나 진리들을 하나님의 계시로 인정할 수 있다거나 또는 그래야

만 한다는 거짓된 가르침을 단죄한다.

2.

너희는 하나님으로부터 나서 그리스도 예수 안에 있고 예수는 하나
님으로부터 나와서 우리에게 지혜와 의로움과 거룩함과 구속함이 되
셨으니(고전 1:30).

예수 그리스도께서는 우리의 모든 죄에 대한 용서의 선언이시
다. 그와 마찬가지로, 그는 우리의 삶 전체를 향한 하나님의 강력
한 요구이기도 하다. 그를 통하여 우리는 하나님이 없는 이 세계
의 속박으로부터 그의 피조물을 향한 자유롭고도 감사한 봉사로
의 즐거운 해방에 가까워진다.

우리는 예수 그리스도가 아니라 다른 주님이 더 적합하고, 예수
그리스도를 통한 칭의와 성화를 필요로 하지 않는 삶의 영역이 있
다는 거짓된 가르침을 단죄한다.

3.

오직 사랑 안에서 참된 것을 하여 범사에 그에게까지 자랄지라. 그
는 머리니 곧 그리스도라. 그에게서 온 몸이…스스로 세우느니라(엡
4:15-16).

그리스도교회는 형제들(과 자매들)의 공동체다. 예수 그리스도께서는 그 안에서 주님이신 성령을 통하여 말씀과 성례 가운데 임재하시고 행하신다. 은총을 입은 죄인들의 교회는 그 신앙과 순종, 그 선포와 질서를 가진 채 죄로 물든 세계의 한복판에서 오직 교회만이 그분의 것이며, 그분이 나타나시리라는 기대 속에서 오직 그분의 위로와 인도를 통해 살고, 또 그렇게 살기를 원한다고 증언한다.

우리는 교회의 선포와 교회의 질서가 각 시기를 주도하는 세계관, 당시에 선호되는 정치 신념에 따라 변화해도 무방하다는 거짓된 가르침을 단죄한다.

4.

예수께서 제자들을 불러다가 이르시되 이방인의 집권자들이 그들을 임의로 주관하고 그 고관들이 그들에게 권세를 부리는 줄을 너희가 알거니와 너희 중에는 그렇지 않아야 하나니 너희 중에 누구든지 크고자 하는 자는 너희를 섬기는 자가 되고(마 20:25-26).

교회의 여러 직분들은 다른 이에 대한 지배를 세우는 것이 아니라 전체 공동체의 책무인 봉사의 실행을 근거로 한다.

교회가 이 같은 섬김 외에 특수한 지배권으로 무장한 지도자를 가지거나 배출해야 한다는 거짓된 가르침을 우리는 배격한다.

5.

하나님을 두려워하며 왕을 존대하라(벧전 2:17).

성서에 의하면 국가와 그에 속한 교회는 아직 구원받지 못한 세계에 속해 있다. 성서는 우리에게 국가의 과제는 신적 명령에 따라, 인간적 관점과 인간적 능력을 척도로 삼아, 권력의 위협 및 행사를 통해 법과 평화를 보호하는 것이라고 가르친다. 교회는 하나님에 대한 경외와 감사를 마음에 품고 하나님의 나라, 하나님의 계명과 정의, 그리고 통치자와 통치당하는 자들의 책임을 상기시키는 이 같은 명령을 인정한다. 교회는 이를 통해 만물을 돌보시는 하나님의 말씀의 힘을 신뢰하고 순종한다.

우리는 국가가 자신이 위임받은 영역을 넘어 인간 삶의 유일하고도 총체적인 질서가 되어야 하고, 그럴 수 있다고 말하는, 그리하여 국가가 교회의 규정까지 좌우해야 한다거나 혹은 그럴 수 있다고 하는 거짓된 가르침을 단죄한다. 우리는 교회가 그 특수한 위임을 넘어 국가의 방식, 국가의 과제, 국가의 존엄을 자신의 것으로 삼아 스스로 국가 기관이 되어야만 한다거나 혹은 그럴 수 있다고 하는 거짓된 가르침을 배격한다.

6.

내가 너희에게 분부한 모든 것을 가르쳐 지키게 하라. 볼지어다. 내가 세상 끝날까지 너희와 항상 함께 있으리라 하시니라(마 28:20).

하나님의 말씀은 매이지 아니하니라(딤후 2:9).

교회는 그 안에 교회의 자유를 토대로 한 위임을 가진다. 그 위임은 그리스도를 대신하여, 즉 설교와 성례를 통해 그리스도 자신의 말씀과 사역을 섬김으로써 모든 민족에게 하나님의 자유로운 은총에 대한 소식을 전하는 데 있다.

우리는 교회가 인간의 자기영화 속에서 임의대로 선정된 소망들, 목적들, 계획들을 섬기기 위해 주님의 말씀과 사역을 사용할 수 있다는 거짓된 가르침을 배격한다.

/ 감사의 글 /

이 책은 1999년 1월 장크트갈렌(St. Gallen) 대학에서 열렸던 공개 강연의 원고를 크게 확장하고 보충한 것이다. 내게 자극을 주었던 당시 청중들의 관심에 깊이 감사드리는 바이다. 내가 일 년 전 개설한 학회에 함께 참여했던 뛰어난 학생들 역시 이 책이 나오는 데 중요한 역할을 했다. 원고를 완성하기까지 다음과 같은 분들이 도움을 주었다. 나의 아내 마리안네 옐레-빌트베르거, 알프레드 엔츠, 로란트 클라이, 헨리크 슈나이더, Theologischer Verlag 출판사의 볼프강 크라스프르치크의 이름을 언급하고 싶다. 이들이 내게 주었던 자극들과 제언들에 감사드린다. 마찬가지로 30여 년간에 걸쳐 어디에도 비할 수 없는 헌신과 명민함으로 칼 바르트 전집이 출판되도록 조언해준 칼 바르트 유고 편집자들에게도 감사드린다. 그들이 없었더라면 이 같은 종류의 책을 내는 것은 불가능했다. 이 책이 바르트 전문가들의 연구 작업이 보다 널리 알려지고 제대로 평가받게 하는 데 보탬이 되기를 희망해본다.

1999년 부활절에 장크트갈렌에서 **프랑크 옐레**

/ 참고문헌 /

이 목록은 이 책에서 각별히 중요하게 다루고 있는 원자료들과 문헌만을 포함한다. 여기에 쓰인 약어는 본문 안의 각주에서도 그대로 사용되었다. 아래에는 칼 바르트의 생애와 저서를 더 살펴보기를 원하는 독자들을 위해 백과사전식으로 개관할 수 있는 논문들을 추천해보았다. 칼 바르트에 대한 가장 중요한 연구문헌들도 그 안에 제시되어 있다.

Jüngel, Eberhard. Artikel. "Karl Barth", *Theologische Realenzyklopädie*, Bd. 5. Berlin/New York, 1980, 251-268.

Beintker, Michael. Artikel. "Karl Barth", *Religion in Geschichte und Gegenwart*, vierte, völlig neu bearbeitete Auflage, Bd. 1. Tübingen, 1998, 1138-1141.

1971년부터 Theologischer Verlag Zürich에서는 바르트의 전체 저술들을 담고 있는 칼 바르트 전집(*Gesamtausgabe*)이 출판되고 있다. 이 전집은 GA로 표기된다.

1. 칼 바르트의 저서들

Dogmatik im Entwurf	*Die christliche Dogmatik im Entwurf. Erster Band. Die Lehre vom Worte Gottes. Prolegomena zur christlichen Dogmatik.* 1927, Hrsg. von Gerhard Sauter. Zürich 1982 (GA 14)
Ethik I	*Ethik I. Vorlesungen Münster, Sommersemester 1928, wiederholt in Bonn, Sommersemester 1930.* Hrsg. von Dietrich Braun. Zürich, 1973. (GA 2)
Ethik II	*Ethik II. Vorlesungen Münster, Wintersemester 1928/29, wiederholt in Bonn, Wintersemester 1930/31,* Hrsg. von Dietrich Braun. Zürich, 1978 (GA 10)
Fragen u. Antw.	*Theologsiche Fragen und Antworten. Gesammelte Vorträge,* 3. Band (1927-1942), 2. Aufl. Zürich, 1986.
Gifford-Lectures	*Gotteserkenntnis und Gottesdienst nach reformatorischer Lehre. 20 Vorlesungen (Gifford-Lectures) über das Schottische Bekenntnis von 1560 gehalten an der Universität Aberdeen im Fruhjahr 1937 und 1938.* Zollikon, 1938.
Götze	*Der Götze wackelt. Zeitkritische Aufsätze, Reden und Briefe von 1930 bis 1960,* Hrsg. von Karl Kupisch. Berlin, 1961.
Grundriss	*Dogmatik im Grundriss. Vorlesungen gehalten im Sommersemester 1946 an der Universität Bonn.* Zürich, 1998.

Heidelb. Kat.	*Die christliche Lehre nach dem Heidelberger Katechismus. Vorlesungen gehalten an der Universität Bonn im Sommersemester 1947.* Zollikon-Zürich, 1948.
KD	*Die Kirchliche Dogmatik.* München, 이후에는 Zollikon, Zürich, 1932ff.
Kl. Arbeiten 1	*Vortrage und kleinere Arbeiten 1905-1909.* In Verbindung mit Herbert Helms hrsg. von Hans-Anton Drewes und Hinrich Stoevesandt. Zürich, 1992. (GA 21)
Kl. Arbeiten 2	*Vortrage und kleinere Arbeiten 1909-1914.* In Verbindung mit Herbert Helms und Friedrich-Wilhelm Marquardt hrsg. von Hans-Anton Drewes und Hinrich Stoevesandt. Zürich, 1993. (GA 22)
Kl. Arbeiten 3	*Vortrage und kleinere Arbeiten 1922-1925.* Hrsg. von Holger Finze. Zürich, 1990. (GA 19)
Letzte Zeugnisse	*Letzte Zeugnisse.* Zürich, 1969.
Pred. 1921-1935	*Predigten 1921-1935.* Hrsg. von Holger Finze. Zürich, 1998. (GA 31)
Prot. Theologie	*Die protestantische Theologie im 19. Jahrhundert. Ihre Vorgeschichte und ihre Geschichte,* 6. Aufl. Zürich, 1994.
Recht	*Rechtfertigung und Recht, Christengemeinde und Bürgergemeinde, Evangelium und Gesetz.* Zürich, 1998.

Römerbrief 1	*Der Römerbrief* (Erste Fassung) 1919. Hrsg. von Hermann Schmidt. Zürich, 1985. (GA 16)
Römerbrief 2	*Der Römerbrief*, 15. Abdruck der neuen Bearbeitung. Zürich, 1999(쪽수는 본래의 첫 번째 판본을 따라 기입함).
Schweizer Stimme	*Eine Schweizer Stimme 1938-1945*, 3. Aufl. Zürich, 1985.
Ungarnreise	Christliche Gemeinde im Wechsel der Staatsordnungen. *Dokumente einer Ungarnreise 1948.* Zollikon, 1948.

2. 대화집, 서신, 자료들 및 전기적·역사적 묘사들

Anfänge	Moltmann, Jürgen (Hrsg.). *Anfänge der dialektischen Theologie, Teil I, Karl Barth, Heinrich Barth, Emil Brunner* (Theologische Bücherei 17/1), 5. Aufl. München, 1985.
Barth-Thurneysen	*Karl Barth - Eduard Thurneysen, Briefwechsel, Band 1. 1913-1921.* Bearbeitet und hrsg. von Eduard Thurneysen. Zürich, 1973. (GA 3)
Barth-Rade	*Karl Barth - Martin Rade. Ein Briefwechsel*, Mit einer Einleitung hrsg. von Christoph Schwöbel. Gütersloh, 1981.
Bogen	Busch, Eberhard. *Unter dem Bogen des einen Bundes. Karl Barth und die Juden 1933-1945.* Neukirchen-Vluyn, 1996.

Gedenkfeier	Karl Barth 1886-1968. *Gedenkfeier im Basler Münster*. Zürich, 1969.
Gespräche 1	*Gespräche 1959-1962*. Hrsg. von Ebehard Busch. Zürich, 1995. (GA 25)
Gespräche 2	*Gespräche 1964-1968*. Hrsg. von Ebehard Busch. Zürich, 1997. (GA 28)
Hromadka	Rohkramer, Martin (Hrsg.). *Freundschaft im Widerspruch. Der Briefwechsel zwischen Karl Barth, Josef L. Hromadka und Josef B. Soucek 1935-1968*. Mit einer Einleitung von Jan Milic Lochman. Zürich, 1995.
Lebenslauf	Busch, Eberhard. *Karl Barths Lebenslauf*. München, 1975.
Offene Briefe 2	Barth, Karl. *Offene Briefe 1935-1942*. Hrsg. von Diether Koch. Zürich, 2001. (GA 36)
Offene Briefe 3	Barth, Karl. *Offene Briefe 1945-1968*. Hrsg. von Diether Koch. Zürich, 1984. (GA 15)
Prolingheuer	Prolingheuer, Hans. *Der Fall Karl Barth 1934-1935*. Neukirchen-Vluyn, 1977.
Reformationstag	Busch, Eberhard (Hrsg.). *Reformationstag 1933. Dokumente der Begegnung Karl Barths mit dem Pfarrernotbund in Berlin*. Zürich, 1998.
Scheidung	Fürst, Walther (Hrsg.). *Dialektische Theologie in Scheidung und Bewahrung 1933-1936* (Theologische Bücherei 34). München, 1966.

편안한 침묵보다는
불편한 외침을

Scholder 1	Scholder, Klaus. *Die Kirchen und das Dritte Reich*. Band 1. Frankfurt am Main/Berlin/Wien 1977.
Scholder 2	Scholder, Klaus. *Die Kirchen und das Dritte Reich*. Band 2. Frankfurt am Main/Berlin/Wien 1985.
Schuster	Schuster, Hermann (u.a. Hrsg.). *Quellenbuch zur Kirchengeschichte* III. 8. Aufl. Frankfurt am Main/ Berlin/Bonn/München, 1968.

제1장. 서문

1. *Bogen*, 341.
2. *AaO.*, 357.
3. *Offene Briefe* 3, 17.
4. *Schweizer Stimme*, 368.
5. *AaO.*, 275.
6. *AaO.*, 276.
7. *Gedenkfeier*, 33f.
8. *Offene Briefe*, 164(옐레 본인의 강조).
9. *AaO.*, 398f.
10. Carl Zuckmayer/Karl Barth, *Späte Freundschaft in Briefen*, 11. Aufl. (Zürich, 1999), 31.
11. *Ethik* II, 338(옐레 본인의 강조).
12. 이 책의 18쪽 참조.
13. *Ethik* II, 339.
14. *Ungarnreise*, 13. 이 책의 158-9쪽 참조.
15. *AaO.*, 12f.
16. *Lebenslauf*, 367.
17. *KD* IV/4, 31.
18. *Prot. Theologie*, 26f.

제2장. 신학자 칼 바르트

1. *Lebenslauf*, 55.

2. *AaO.*, 56.

3. Adolf von Harnack, *Das Wesen des Christentums* (Leipzig, 1900), 4.

4. *KD* I/2, 397ff. 제목에 대해서는 403f. 참고.

5. *Römerbrief* 2, XII (XVIII).

6. *AaO.*, V (XI). 동일한 내용이 이 책의 24-5쪽에 보다 자세히 인용되고 있다.

7. *AaO.*, XII (XIX).

8. *AaO.*, XIII (XIX).

9. *AaO.*, XV (XIII).

10. Johannes Rathje, *Die Welt des freien Protestantismus. Ein Beitrag zur deutsch-evangelischen Geistesgeschichte. Dargestellt am Leben und Werk Martin Rades* (Stuttgart, 1952)를 참고하라.

11. *Barth-Rade*, 65.

12. *Die Religion in Geschichte und Gegenwart*, 3. Aufl., Band 3 (Tübingen, 1959), 1236.

13. 이 책의 47-8쪽을 참고하라.

14. *Römerbrief* 2, V (XI).

15. 바르트의 『로마서 주석』 제2판 전체에 지속적으로 나타나는 표현들이다.

16. *Kl.* Arbeiten 3, 151.

17. Karl Barth, *Fides quarens intellectum. Anselms Beweis der Existenz Gottes im Zusammenhang seines theologischen Programms, 1931*, hrsg. von Eberhard Jüngel und Ingolf U. Dalferth (Zürich, 1981).

18. Friedrich Schleiermacher, *Kurze Darstellung des theologischen Studiums. Kritische Ausgabe*, hrsg. von Heinrich Scholz (Leipzig, 1910[Hildesheim, 1961]), 3.

19. *Scheidung*, 43.

20. *Schuster*, 106.

21. *Scheidung*, 169ff., 208ff.

22. *KD* III/1, 377ff.

23. *KD* III/4, 366ff.

24. Karl Barth, *Die Menschlichkeit Gottes* (Zürich, 1956).

25. Karl Barth, *Wolfgang Amadeus Mozart 1756/1956*, 13. Aufl. (Zürich,

1996).

26. Karl Barth, *Einführung in die evangelische Theologie* (Zürich, 1962).

27. Hans Urs von Balthasar, *Karl Barth. Darstellung und Deutung seiner Theologie, 1951*, 4. Aufl. (Köln, 1976).

28. Hans Küng, Rechtfertigung. *Die Lehre Karl Barths und eine katholische Besinnung* (Einsiedeln, 1957)

29. Henri Bouillard, *Karl Barth. Genèse ét evolution de la théologie dialectique* (Aubier, 1957).

30. Kornelis Heiko Miskotte, *Über Karl Barths Kirchliche Dogmatik. Kleine Präludien und Phantasien* (München, 1961), 18.

제3장. 초평기아 협회와 사회적 질문

1. *Kl*. Arbeiten 1의 목차 참고.

2. *Meyers Grosses Taschenlexikon* 4 (Mannheim, Leipzig, Wien, Zürich, 1995), 142. 약어는 풀어서 기술하였음.

3. Zofinger-Liederbuch, 1969년판(Bern, 1969), 4.

4. Ernst Ludwig Schellenberg, *Das deutsche Volkslied*, 2. Band (Berlin, 1916), 477.

5. *Der schweizerische Zofingerverein 1819-1969* (Bern, 1969), 27.

6. *AaO.*, 416.

7. *AaO.*, 28.

8. *AaO.*, 30.

9. *AaO.*, 57.

10. *Ebd*.

11. *AaO.*, 203.

12. *Gespräche* 1, 5ff., 44ff. 이 책의 156-7쪽 참조.

13. *Gespräche* 2, 533.

14. Günther Dehn, *Die alte Zeit-die vorigen Jahre. Lebenserinnerungen* (München, 1962), 203.

15. *Der schweizerische Zofingerverein 1819-1969* (Bern, 1969), 203.

16. 이 책의 49쪽 참조.

17. *Kl.* Arbeiten 1, 85f.

18. *AaO.,* 86.

19. *AaO.,* 87.

20. *AaO.,* 90.

21. *AaO.,* 73.

22. *AaO.,* 74.

23. *AaO.,* 73.

24. *AaO.,* 74. Leonhard Ragaz, *Busse und Glauben. Bettagspredigt, gehalten am 17. Sept. 1905 im Münster zu Basel* (Basel, 1905), 7f.

25. Markus Mattmüller, Leonhard Ragaz und der religiöse Sozialismus. *Die Entwicklung der Persönlichkeit und des Werkes bis ins Jahr 1913* (Basel und Stutgart, 1957), 84f.

26. *Kl.* Arbeiten 1, 76.

27. Christian Link, *in: Calvin-Studienausgabe, Band 2, Gestalt und Ordnung der Kirche* (Neukirchen–Vluyn, 1997), VI.

제4장. 자펜빌의 목사

1. *Lebenslauf,* 55.

2. *Anfänge,* 46.

3. *AaO.,* 49.

4. 따라서 앞에서 언급한 바르트의 애도는 "과거와 미래"(엘레 본인의 강조)라는 제목을 달고 있다.

5. Kl. Arbeiten 2, 439f. 인용문 중 일부는 E. Marti, *50 Jahre Schweizerische Textil- und Fabrikarbeiter-Organisationen 1903-1953* (Zürich, 1954)에서 인용함.

6. *AaO.,* 384.

7. *AaO.,* 384f.

8. *AaO.,* 385.

9. *AaO.,* 574.

10. *Barth-Thurneysen*, 30

11. 이하 이 책의 65-6쪽 참조.

12. *Barth-Thurneysen*, It 20.

13. *AaO.*, 23.

14. *AaO.*, 5.

15. *Kl.* Arbeiten 2, 498.

16. *AaO.*, 573.

17. *AaO.*, 381.

18. *AaO.*, 573.

19. *AaO.*, 576f.

20. *Lebenslauf*, 79.

21. *AaO.*, 116.

22. *Barth-Thurneysen*, 300.

23. *Kl.* Arbeiten 2, 410.

24. *AaO.*, 391.

25. Christoph Blumhardt, *Ansprachen, Predigten, Reden, Briefe 1865-1917*, hrsg. von Johannes Harder, Band 1 (Neukirchen-Vluyn, 1978), 20. (1899년 10월 25일의 아침명상)

26. Hermann Kutter, *Sie müssen. Ein offenes Wort an die christliche Gesellschaft*, 2. Tausend (Berlin, 1904), 34f.

27. *Kl.* Arbeiten 2, 392.

28. *AaO.*, 393f.

29. *AaO.*, 395f.

30. *Pred.* 1921-1935, 457f.

31. *Recht*, 89(부분적인 강조는 옐레에 의한 것임).

32. *Kl.* Arbeiten 2, 398. 바르트 전집에서 해당부분의 책임 편집자는 이 구절을 교정하면서 다음의 문장을 정확하게 인용하고 있다. "신체성은 하나님의 사역의 최종점이다." 바르트는 분명 이를 의식하지 못하고 단지 기억나는 대로 인용했을 것이다.

33. *KD* I/1, 138.

34. *KD* II/1, 300.

제5장. 두 권의 『로마서 주석』

1. *Gespräche* 2, 550.
2. *Barth-Rade*, 33.
3. Agnes von Zahn-Harnack, *Adolf von Harnack*, Zweite, verbesserte Auflage (Berlin, 1951), 345.
4. *Kriegs-Almanach* 1915, Erschienen im Insel-Verlag zu Leipzig, 170f.
5. *Barth-Rade*, 97.
6. *AaO.*, 33 (Christoph Schwöbel).
7. Rudolf Otto, *Das Heilige. Über das Irrationale in der Idee des Göttlichen und sein Verhältnis zum Rationalen*, 20-22. Auflage (Gotha, 1929), 31ff.
8. *AaO.*, 13ff., 43ff.
9. Romano Guardini, *Vom Geist der Liturgie*, 15. und 16. Auflage (Freiburg im Breisgau, 1939), 58.
10. *Römerbrief* 2, 315 (344).
11. *Grundriss*, 40.
12. *BSLK*, 508, Z. 19-25(현대화된 표현. 저자 본인에 의한 강조).
13. Paul Althaus, *Luthers Haltung im Bauernkrieg* (Darmstadt, 1969), 28f. (부분적인 강조는 저자에 의한 것임)
14. Paul Althaus, *Grundriss der Ethik* (Erlangen, 1931), 104(저자의 강조).
15. *Bogen*, 213.
16. *Scholder* 2, 210.
17. Römerbrief 1, 514 (Anm. 65).
18. Dittmar Rostig, Artikel "Ragaz", *Theologische Realenzyklopädie* 28 (Berlin und New York, 1997), 108.
19. *Römerbrief* 2, 471(저자의 강조).
20. *Römerbrief* 1, 501.
21. *AaO.*, 502.
22. *AaO.*, 501 참고.
23. *AaO.*, 503.
24. *AaO.*, 505.
25. *AaO.*, 508.

26. *AaO.*, 509(저자의 강조).

27. *AaO.*, 507.

28. *AaO.*, 513.

29. *AaO.*, 500.

30. *AaO.*, 517.

31. *Ebd.*

32. *AaO.*, 519.

33. *AaO.*, 520f.

34. Karl Hammer, *Deutsche Kriegstheologie 1870-1918* (München, 1971); *Christen, Krieg und Frieden* (Olten/Freiburg im Breisgau, 1972).

35. *AaO.*, 521.

36. *Römerbrief* 2, 472(저자의 강조).

제6장. 독일의 국가사회주의

1. *Scholder* 1, 280.

2. *Bogen*, 34.

3. *AaO.*, 35.

4. *Ethik* I, 326.

5. *Scheidung*, 43.

6. *Bogen*, 37.

7. *Lebenslauf*, 230.

8. *Bogen*, 39.

9. Günter von Norden, *Die Weltverantwortung der Christen neu begreifen. Karl Barth als homo politicus* (Gütersloh, 1997), 53.

10. Wilhelm und Marion Pauck, *Paul Tillich. Sein Leben und Denken, Band I: Leben* (Stuttgart/Frankfurt a.M., 1978), 134.

11. *AaO.*, 138.

12. *TRE* 30 (Berlin, 1999) 참고.

13. Hans-Martin Thelemann/Hartmut Aschermann, *Horizonte des Glaubens*, 2. Auflage (Frankfurt a.M./Berlin/Bonn/München, 1968), 263.

14. 예외적인 사례들로는 다음을 참고할 것: Susi Hausamann, Nicole Kuropka, Heike Scherer, *Frauen in dunkler Zeit. Schicksal und Arbeit von Frauen in der Kirche zwischen 1933 und 1945, Aufsätze aus der Sozietät "Frauen im Kirchenkampf"* (Köln, 1996).

15. *Schuster*, 104(옐레 본인의 강조)

16. *Reformationstag*, 13.

17. *AaO.*, 27.

18. *Bogen*, 73.

19. *Scholder 1*, 322.

20. *AaO.*, 801.

21. *Bogen*, 108.

22. *AaO.*, 49.

23. *Reformationstag*, 11; 43.

24. *AaO.*, 55.

25. *AaO.*, 106.

26. *Bogen*, 148.

27. *AaO.*, 148f.

28. *AaO.*, 151.

29. *AaO.*, 173.

30. 보다 상세한 내용은 *Prolingheuer* 참고.

31. Wolf-Dieter Hauschild, Art. "Bekennde Kirche," *Religion in Geschichte und Gegenwart*, Vierte Auflage, Band I (Tübingen, 1998), 1241.

32. *Schuster*, 106.

33. 위의 46쪽 참고.

34. *Schuster*, 106.

35. *Scholder 2*, 189.

36. *Bogen*, 250.

37. *Prolingheuer*, 211.

38. *Meyers Grosses Taschenlexikon* 12 (Mannheim, Leipzig, Wien, Zürich, 1995), 206.

39. Rita Thalmann, Jochen Klepper, *Ein Leben zwischen Idyllen und*

Katastrophen (München, 1977), 209.

40. *Bogen*, 251. 이와 약간 차이가 나는 진술에 대해서는 Prolingheuer, 349. 참고.

제7장. 스위스로의 귀환

1. *Lebenslauf*, 276.

2. 하인리히 슈티르니만(Heinrich Stirnimann)의 설명에 의하면: *Freiburger Zeitschrift für Philosophie und Theologie, Band 15* (1965), Heft 1, 4.

3. *Bogen*, 269.

4. *AaO.*, 271.

5. *Bogen*, 90f.

6. Thomas Mann, *Nachträge*. Taschenbuchausgabe (Frankfurt a.M., 1990), 94.

7. *AaO.*, 202.

8. *AaO.*, 200.

9. *AaO.*, 202.

10. *AaO.*, 205.

11. *Bogen*, 378.

12. *AaO.*, 377.

13. *Schweizer Stimme*, 58f. = *Hromádka*, 54f.

14. *AaO.*, 63.

15. *AaO.*, 64.

16. *AaO.*, 67.

17. *Gifford-Lectures*, 214.

18. *AaO.*, 215.

19. *AaO.*, 216.

20. *Schweizer Stimme*, 90.

21. Fred Luchsinger, *Die Neue Zürcher Zeitung im Zeitalter des Zweiten Weltkrieges 1930-1955* (Zürich 1955).

22. *Predigten 1954-1967*, Hrsg. von Hinrich Stoevesandt, (Zürich, 1979), 276ff. (= GA 12).

23. 여기에 인용된 내용들은 취리히의 구약신학자 한스 빌트베르거(Hans Wildberger, 1910-1986)가 소장하고 있는 개인 자료실의 신문 자료에서 나온 것이다.

24. *KD* I/1, 284.

25. *Heidelb. Kat.*, 12f.

26. *Offene Briefe* 2, 176ff.

27. Werner Mittenzwei, *Exil in der Schweiz* (Leipzig, 1981), 124.

28. *AaO.*, 268ff.

29. Anselm von Canterbury, *Proslogion*. Lateinisch-deutsche Ausgabe von P. Franciscus Salesius Schmitt O.S.B., Abtei Wimpfen, 3. Aufl. (Stuttgart-Bad Cannstatt, 1995), 84-85.

30. Huldrych Zwingli, *Schriften* I (Zürich, 1995), 271.

31. *AaO.*, 278.

32. *Bogen*, 342.

제8장. 정치적 표현의 금지

1. *Lebenslauf*, 327.

2. *Prolingheuer*, 178.

3. *Bogen*, 347f. 표지 참고.

4. *AaO.* 355; *Lebenslauf*, 332.

5. *AaO.*, 356.

6. *Bogen*, 339.

7. *AaO.*, 340f.

8. *Schweizer Stimme*, 170.

9. *AaO.*, 169.

10. *AaO.*, 168.

11. *AaO.*, 162.

12. *AaO.*, 161.

13. *AaO.*, 175.

14. Karl Barth, Emil Brunner, Georg Thürer, *Im Namen Gottes des*

Allmächtigen 1291-1941 (Zürich, 1941), 3.

15. *Schweizer Stimme*, 201.

16. *AaO.*, 203ff.

17. *AaO.*, 206.

18. *AaO.*, 207.

19. *AaO.*, 208.

20. *AaO.*, 209.

21. *AaO.*, 210.

22. *AaO.*, 211. (오자는 교정됨)

23. *Schweizer Stimme*, 212.

24. *AaO.*, 213.

25. *AaO.*, 214.

26. *AaO.*, 217f.

27. *AaO.*, 219.

28. *AaO.*, 220.

29. *AaO.*, 221.

30. *AaO.*, 223.

31. *AaO.*, 225f.

32. *Bogen*, 356.

33. *AaO.*, 358.

34. Weltwoche, (1997.12.24), 16쪽의 강조.

35. *Offene Briefe*, 17. 위의 9쪽을 보라.

제9장. 독일과의 새로운 우정을 위하여

1. *Schweizer Stimme*, 324.

2. Hans Martin Stückelberger, *50 Jahre Freie protestantische Vereinigung St. Gallen, 1919-1969* (St. Gallen, 출판년도 표기 없음), 98f.

3. *Schweizer Stimme*, 311f.

4. *AaO.*, 329.

5. *KD* IV/2, 639.

6. *AaO.*, 640.

7. *Schweizer Stimme*, 334.

8. *AaO.*, 331.

9. *Lebenslauf*, 337.

10. 게오르그 튀러(Georg Thürer) 박사의 구두 증언.

11. *Schweizer Stimme*, 337.

12. *AaO.*, 338.

13. *AaO.*, 350.

14. *AaO.*, 350f.

15. *AaO.*, 353.

16. *AaO.*, 357.

17. *AaO.*, 354f.

18. *AaO.*, 368; 이 책의 10쪽 참고.

19. *AaO.*, 369.

20. *AaO.*, 337f.

21. *Prolingheuer*, 209.

22. 이 책의 96-7쪽 참고.

23. *Prolingheuer*, 211. 이 책의 96쪽 참고.

24. Heinz Zarnt, *Die Sache mit Gott. Die protestantische Theologie im 20. Jahrhundert* (München, 1966), 255.

25. *AaO.*, 225.

26. *AaO.*, 30.

27. *AaO.*, 24.

28. *AaO.*, 233.

29. Karl Barth, *Die Menschlichkeit Gottes* (Zürich, 1956).

30. *KD* IV/1, 203.

제10장. 동서 진영 사이에서

1. *Offene Briefe* 3, 149.

2. *AaO.*, 176.

3. *AaO.*, 220.

4. *Götze*, 137.

5. *Schweizer Stimme*, 59. 이 책의 103쪽 참고.

6. *Götze*, 137.

7. Karl Marx, *Das Kapital. Kritik der politischen Ökonomie, Band 1: Der Produktionsprozess des Kapitals* (Frankfurt a.M. und Berlin, 1969), 209.

8. *Götze*, 136.

9. *Offene Briefe 3*, 163.

10. *AaO.*, 162.

11. *AaO.*, 178. (엘레 본인의 강조)

12. *AaO.*, 210.

13. *AaO.*, 197.

14. *Gespräche 2*, 250.

15. *AaO.*, 251.

16. *Gespräche 1*, 11.

17. *AaO.*, 51.

18. *Recht*, 65.

19. *AaO.*, 65f.

20. *AaO.*, 66.

21. *Ungarnreise*, 13. 이 책의 15쪽 참고.

22. *AaO.*, 30.

23. *AaO.*, 33.

24. *AaO.*, 45. (엘레 본인의 강조)

25. *AaO.*, 46.

26. Sophokles, *Antigone*, 제523절.

27. 이 책의 16쪽 참고.

28. *Ungarnreise*, 48.

29. *AaO.*, 49.

30. *Recht*, 48. (엘레 본인의 강조)

31. Heinz Eduard Tödt, Artikel "Demokratie I", *Theologische Realenzyklopädie 8* (Berlin und New York, 1981), 444.

32. *Recht*, 63.

33. *AaO.*, 20.

34. *AaO.*, 41f.

35. *AaO.*, 74.

36. *Ungarnreise*, 50f.

37. *AaO.*, 51.

38. *Bogen*, 516.

39. *Offene Briefe 3*, 280.

40. *AaO.*, 279.

41. 이 책의 29, 94-5쪽 참고.

42. *AaO.*, 279.

43. *AaO.*, (엘레 본인의 강조).

44. *AaO.*, 281.

45. *AaO.*, 282.

46. *AaO.*, 283.

47. 위의 77쪽 참고.

48. *Hromádka*, 213ff.

49. *Gespräche 1*, 393.

50. *Ungarnreise*, 34.

51. *AaO.*, 34.

52. *AaO.*, 45.

53. 나는 이 표현을 장크트갈렌의 교수인 롤란트 클라이 박사(Dr. Roland Kley)에게서 배웠다.

제11장. 칼 바르트의 정치윤리

1. *Letzte Zeugnisse*, 61-71.

2. Fragen und Antworten, 143.

3. Dietrich Bonhoeffer, *Ethik*, zusammengestellt und hrsg. von Eberhard Bethge (München, 1963, 128ff. - Dietrich Bonhoeffer, *Widerstand und Ergebung*, Neuausgabe [München, 1970]), 459.

4. Dietrich Bonhoeffer, *Widerstand und Ergebung, AaO.*, 176.

5. 이 책의 52쪽 참고.

6. 이 책의 52-3쪽 참고.

7. 이 책의 65쪽 참고.

8. 이 책의 73쪽 참고.

9. 이 책의 74쪽 참고.

10. 이 책의 75쪽 참고.

11. 이 책의 79쪽 참고.

12. 이 책의 28, 83쪽 참고.

13. *Gespräche 2*, 544.

14. Christian Walther, Artikel, "Königsherrschaft Christi", *Theologische Realenzyklopädie 19* (Berlin und New York, 1990), 314.

15. *AaO.*, 315.

16. *Schuster*, 106.

17. Frank Jehle, *Du darfst kein riesiges Maul sein, das alles gierig in sich hineinfrisst und verschlingt. Freiburger Vorlesungen über die Wirtschaftsethik der Reformatoren Luther, Zwingli und Calvin* (Basel, 1996), 29ff.에서 차용.

18. Martin Honecker, *Grundriss der Sozialethik* (Berlin und New York, 1995), 14.

19. *WA* 18, 310, 10f.(현대적 표현으로 변경)

20. *Die Religion in Geschichte und Gegenwart*, 3. Auflage, Band 6 (Tübingen, 1962), 1945ff.

21. Walther von Loewenich, *Martin Luther. Der Mann und das Werk*, 3. Auflage (München, 1962), 227.

22. Martin Honecker, Grundriss der Sozialethik (Berlin und New York, 1995), 25.

23. *AaO.*, 26.

24. Gerhard Ebeling, *Wort und Glaube III* (Tübingen, 1975), 575f.

25. 이 책의 161쪽 참고.

26. Schuster, 106. (옐레 자신의 강조)

27. 이 책의 14-5쪽 참고.
28. 이 책의 15, 158-9쪽 참고.
29. 이 책의 162쪽 참고.
30. 이 책의 162쪽 참고.
31. 이 책의 18쪽 참고.
32. *Schweizer Stimme*, 165.
33. *Recht*, 29.
34. *AaO.*, 34.
35. *AaO.*, 55.
36. 이 책의 137쪽 참고.

부록

1. 〈역자주〉 본서의 부록은 옐레의 원전에는 포함되지 않지만 독자들의 이해를 돕고자 역자가 번역, 삽입한 것이다. 〈부록 1〉은 바르트가 1914년 제1차 세계대전 당시 사회주의 진영이 전쟁에 찬성하는 것에 실망한 나머지 사회주의 자체를 포기한 것처럼 말하는 일각의 견해에 대한 반론의 증거다. 1915년의 사회주의자 모임에서 바르트가 행한 강연을 보면 그가 여전히 현실정치에서 사회주의적 지향점을 포기하지 않고 있다는 것을 보여준다. 물론 바르트는 사회주의를 예수의 사역 또는 선포와 동일시하지 않고 있으며, 그보다는 예수 가운데 나타난 하나님의 "현실"(Wirklichkeit)에 일치하는 것으로 파악하고 있다.

2. 〈역자주〉 바르멘 신학선언은 제국교회 및 제국감독 제도를 통해 독일교회를 정권의 사상적·이념적 하수인으로 장악하려는 나치정권에 저항하고자 고백교회 진영에서 작성한 신앙고백 문서다. 1935년 바르트의 주도로 작성된 이 문서는 당시 바르트가 오직 예수 그리스도만을 주님으로 모시는 신앙을 통해 얼마나 적극적으로 현실정치에 반응하고 있는지를 보여준다. 주님 예수 그리스도의 통치와 그분에 대한 우리의 신앙고백은 종교적 영역뿐만 아니라 이 세상의 모든 영역을 포괄하고 있으며, 절대적인 하나님의 진리는 세상의 모든 영역을 철저히 상대화시킨다는 것을 보여주는 사례라 할 수 있다.

편안한 침묵보다는 불편한 외침을

신학자 칼 바르트와 1906-1968의 정치

Copyright ⓒ 새물결플러스 2016

1쇄발행_ 2016년 3월 8일

지은이_ 프랑크 옐레
옮긴이_ 이용주
펴낸이_ 김요한
펴낸곳_ 새물결플러스
편　집_ 왕희광·정인철·최율리·박규준·노재현·최정호·한바울·유진·권지성·신준호
디자인_ 이혜린·서린나·송미현
마케팅_ 이승용
총　무_ 김명화·최혜영
영　상_ 최정호

아카데미_ 유영성·최경환·황혜전

홈페이지 www.hwpbooks.com
이메일 hwpbooks@hwpbooks.com
출판등록 2008년 8월 21일 제2008-24호
주소 (우) 07214 서울특별시 영등포구 양평로 11, 5층(당산동 5가)
전화 02) 2652-3161
팩스 02) 2652-3191

ISBN 979-11-86409-46-6　03230

이 도서의 국립중앙도서관 출판예정도서목록(CIP)은 서지정보유통지원시스템 홈페이지
(http://seoji.nl.go.kr)와 국가자료공동목록시스템(http://www.nl.go.kr/kolisnet)에서
이용하실 수 있습니다(CIP제어번호: CIP2016005344).